REGARDE
COMME C'EST BEAU

REGARDE
COMME C'EST BEAU

Célébration de l'amour par les auteurs du compte
Drawings for My Grandchildren

Illustrations de Grandpa Chan
Textes de Grandma Marina
Traduit de l'anglais (États-Unis) par Nicolas Porret-Blanc

LE LIVRE DE POCHE

Titre original :

LOOKING BACK LIFE WAS BEAUTIFUL
Publié par Tarcher Perigee, un département de Penguin Random House LLC.

ISBN : 978-2-253-08204-0 – 1re publication LGF

Tout est dans ton cœur.
Il te guidera.

SOMMAIRE

AVANT-PROPOS

Aujourd'hui, comme nous le faisons chaque jour, nous cherchons des pistes pour nos prochains dessins. En quête d'inspiration, nous échangeons nos idées ; quand mon mari a dessiné une image, j'écris quelques lignes pour l'accompagner. Même si mon mari ne se considère pas comme un artiste, ni moi comme une écrivaine, cela ne nous arrête pas.

Ah ! Mais ce n'est pas tout. Chaque fois que je songe à ce que nous sommes en train de faire, il me vient à l'esprit un mot qui fait battre mon cœur un peu plus vite, et il me faut un petit moment pour retrouver mon calme. Ce mot, c'est *in-yeon*, qui désigne peu ou prou une rencontre prédestinée, ou un lien écrit d'avance.

Nous sommes nés l'un et l'autre à Séoul en 1942, année du cheval. C'est à la faculté des sciences de l'éducation de l'Université nationale de Séoul qu'eut lieu notre rencontre, en 1961. C'était au début de notre troisième année, à l'occasion d'une exposition de peinture et de poésie organisée au sein de notre université. J'avais présenté un très court poème intitulé « Pomme », et un autre étudiant, que je ne connaissais pas, avait eu pour tâche de l'illustrer. J'ai aussitôt aimé son travail. C'était une peinture abstraite, qui s'accordait parfaitement à mon poème ; grâce à elle, je portais un regard neuf sur ce que j'avais écrit.

Enthousiaste, je me suis tournée vers l'auteur du dessin. Un certain Chan Jae Lee. Tous les participants ont fêté la fin de l'exposition au cours d'une soirée pop-corn. Lorsque nous avons compris que nous prenions la même direction pour rentrer chez nous, nous avons fait une partie du chemin ensemble.

Qui aurait pu imaginer qu'après nous avoir rapprochés puis fait naître notre amour, les germes d'un *in-yeon* – ce poème et son illustration –, semés en 1963, allaient donner de nouvelles pousses cinquante-deux ans plus tard, en 2015, pour produire en 2020 la superbe fleur qu'est ce livre, à l'approche de nos quatre-vingts ans.

Ayant tous les deux grandi pendant la guerre de Corée, puis connu la pauvreté, avant de réussir à entrer à l'université, nous partageons de nombreux traits de caractère et bien des expériences communes. Au cours des trois années durant lesquelles Chan Jae accomplissait son service militaire obligatoire, j'ai tant souffert que j'aurais encore préféré partir à sa place. Avant cela, dès le début de notre relation, nous nous voyions presque tous les jours et parlions de tout et de rien. Si je n'ai pas gardé un souvenir très précis de cette période, je me rappelle néanmoins que des étudiants chantaient *Blowin' in the Wind* de Bob Dylan, accompagnés de leur guitare.

Nous nous sommes mariés en 1967 ; nous avions alors à peine vingt-cinq ans. Aujourd'hui notre mariage passerait pour précoce, mais à l'époque cela nous avait semblé aller de soi. Après en avoir beaucoup discuté, et dans la mesure où nous nous destinions tous deux à l'enseignement, nous avons décidé d'un commun accord que nous n'aurions pas d'enfants. Nous avons débuté notre vie maritale dans une chambre meublée, à Singil-dong. Ce n'était qu'une petite pièce aménagée au domicile de notre propriétaire, toutefois équipée d'une kitchenette indépendante. Je revois encore très précisément la maison de briques rouges. Nous étions tous les deux professeurs ; mon mari enseignait les sciences naturelles, et moi le coréen. Nous avons vécu heureux comme ça pendant quelques années, mais à la longue, l'idée d'être entourés de nos propres bambins a fait son chemin. C'est ainsi que, au petit matin du 1er mars 1971, j'ai mis au monde notre premier enfant. Immédiatement après la naissance de notre fils, nous avons fait l'acquisition de notre bien le plus précieux, un Asahi Pentax, rien que pour pouvoir le prendre en photo. Jeune couple consciencieux, nous adhérions au slogan gouvernemental : « Filles ou garçons, n'en ayez que deux, mais élevez-les bien. » Enfin… ce n'était pas tant une question d'être consciencieux, car tout le monde s'y conformait à l'époque. Il faut dire que cette injonction nous accompagnait jour et nuit, où que l'on aille. Elle possédait un étrange pouvoir de persuasion auquel il était difficile de ne pas se soumettre.

Dans les années 1970, la Corée du Sud était encore un pays très pauvre, et en 1974, mes parents ainsi que mes plus jeunes frères et sœurs ont émigré au Brésil, en quête d'une vie meilleure. En mars de l'année suivante est née notre fille. J'ai énormément pleuré, en proie à un sentiment d'absolue solitude… Je n'avais aucune raison particulière d'être triste, et pourtant je n'arrêtais pas de pleurer. À cette époque, il n'y avait pas de mots pour décrire cela, je ne savais donc pas ce qui m'arrivait. Je pense aujourd'hui que j'ai dû souffrir d'une dépression post-partum. L'été de la même année, cependant, je me rappelle mon excitation quand nous avons acheté un réfrigérateur Taihan Electric Wire. C'était une période heureuse. Une fois notre frigo neuf installé dans la cuisine de notre première véritable maison, nous nous sommes alors dit à voix basse que c'était, après l'appareil photo, notre deuxième bien le plus précieux. Nous élevions des lapins dans la cour ; un rosier sauvage rouge grimpait le long de la façade. Notre fils avait pour amis Kongkongi, le chien, ainsi que le poisson rouge vivant dans la petite mare du jardin.

Puis, un jour, mon père est venu nous rendre visite depuis le Brésil. Quand mes parents avaient déménagé là-bas avec mes trois frères et sœurs cadets, ils avaient laissé derrière eux leurs trois filles, déjà mariées. Cette fois, mon père revenait nous chercher, ainsi que nos familles respectives. Il a rencontré tour à tour chacun de ses trois gendres pour leur demander s'ils étaient disposés à partir. Les trois gendres ayant répondu « oui ! », il est alors allé voir ses trois belles-familles pour leur demander s'ils autorisaient leurs fils et leurs belles-filles à partir, et il a obtenu la même réponse. C'est ainsi qu'en 1981, nous avons pris l'avion à l'aéroport de Gimpo, sans crainte ni appréhension.

Avec l'aide de mes jeunes frères et sœurs, nous avons pu nous installer à São Paulo assez facilement. Deux ans plus tard, une fois acclimatés, nous avons ouvert un magasin de vêtements que nous avons appelé Boutique Symphonie. Mon mari achetait la marchandise, et nos trois employés brésiliens tâchaient de la vendre. La première année, ainsi que la suivante, nous avons si bien vendu à Noël que les enfants sont venus nous donner un coup de main au magasin pour les paquets cadeaux ; nous avons même dû embaucher deux intérimaires en renfort. Qui aurait dit que tenir un commerce pouvait être si passionnant ? Ce qui se disait en Corée à l'époque était donc vrai : mieux valait faire du business plutôt qu'un doctorat ! Bien sûr, nous pensions alors que l'économie resterait éternellement ce qu'elle était. Non pas par stupidité, ou parce que nous ne pouvions pas lire les journaux brésiliens. Mais nous étions des gens simples, ambitieux et travailleurs – incapables de prévoir la période instable qui s'annonçait. Emportés par nos multiples tâches quotidiennes, nous attendions de chaque journée qu'elle ressemble à la veille. Aujourd'hui encore, les Coréens vivant au Brésil répètent toujours la même chose : « Cette année a été encore pire que la précédente. Qu'allons-nous devenir ? » Alors, leurs amis brésiliens les réconfortent d'un « *Vai melhorar* », « ça va aller ».

Les années passant, nos enfants ont eu leurs propres enfants. Nos deux premiers petits anges furent Arthur et Allan, les fils de notre fille, nés à un an d'écart. Parfois, quand je tenais l'un ou l'autre dans mes bras, j'avais l'impression de retrouver mon fils, que j'étreignais ainsi il y a si longtemps, à Séoul.

D’autres fois, ils étaient d’une douceur à nulle autre pareille. L’amour que je leur porte a été un cadeau précieux lorsque j’ai avancé en âge. Quand les petits ont fêté leurs trois ans, j’ai eu l’impression d’avoir trois ans moi aussi, et quand ils sont entrés à l’école élémentaire, j’y suis retournée à mon tour. Nous jouions à cache-cache ensemble, ainsi qu’à ce jeu où il faut trouver le maximum de mots commençant par la lettre « A ». Une fois à la retraite, mon mari a été embauché pour amener Arthur et Allan à l’école et les récupérer après la classe. Il n’a pas ménagé sa peine cinq années durant, tous les matins et tous les après-midi.

Les moments que nous avons passés avec nos petits-enfants ont été de parfaits moments de tendresse et de douceur. Jusqu’à ce jour où notre fille nous a annoncé qu’ils repartaient en Corée. Ce fut pour nous un vrai choc.

Carte postale dessinée à la main, 1978

Alors qu'il vivait déjà loin de nous, à New York, c'est notre fils qui s'est montré le plus inquiet de ce qu'allait devenir son père après le retour de sa sœur en Corée, en janvier 2015. Il savait que Grandpa finirait par passer ses journées devant la télévision.

Voilà pourquoi un jour, il lui a lancé, de but en blanc : « Papa, tu devrais te remettre au dessin. » Il s'était rappelé que son père, quand il était petit, lui faisait des dessins sur des bouts de carton. Mais devenu têtu avec l'âge, mon mari ne voulait rien entendre. « En voilà une idée ! Pourquoi me remettrais-je au dessin maintenant ? » Alors, je me suis alliée à notre fils et j'ai moi aussi tenté de le convaincre de reprendre ses crayons. Jusqu'au jour où, lassé de nous entendre, il s'est mis à peindre un paysage urbain auquel il a ajouté cette légende : *Nuages déprimants*. Suivirent un cheval, une statue, et des sujets aussi variés que des lampadaires, des palmiers ou encore des poubelles. J'ai commencé à rédiger des légendes plus développées pour ses dessins, et notre fils nous a montré comment les poster sur Instagram afin qu'il puisse nous suivre. Mais au bout de quelques mois, la fréquence de ses productions s'est ralentie et mon mari s'en est peu à peu désintéressé.

Quelque temps plus tard, notre troisième petit-fils, Astro, voyait le jour à New York ! Fous de joie, nous nous sommes déplacés pour faire sa connaissance en personne. Un soir, pendant le dîner, mon mari a demandé à notre fils, à brûle-pourpoint :
« Je me demande comment sera Astro en grandissant.
— C'est-à-dire ?
— Parce que, quand il sera grand, je ne serai plus là. »

Mon fils s'est tu quelques instants... Il nous a confié plus tard qu'il n'avait jusqu'ici jamais pensé en ces termes à l'avancée en âge de ses parents, ni à l'inévitable issue que celle-ci impliquait. Lui est alors venue l'idée de suggérer à son père de dessiner pour ses petits-enfants, de sorte qu'une fois grands, ils sachent qui était leur Grandpa. Nous avons également décidé que, pour chacun des textes que j'écrirais, notre fils en fournirait une traduction en anglais et notre fille une autre, en portugais.

C'est ainsi que mon mari a commencé à dessiner pour nos petits-enfants.

Nous avons intitulé le compte Instagram « Drawings_for_My_Grandchildren ». À la suite de quoi notre fils a fait une petite vidéo dans laquelle il expliquait comment et pourquoi un papi ronchon de plus de soixante-dix ans s'était abonné à Instagram, et il l'a postée sur Facebook. La vidéo a plu à des gens dans le monde entier, pour finir par devenir virale et attirer des millions de « likes ».

Chose étonnante pour quelqu'un qui, en temps normal, déteste se sentir obligé à quoi que ce soit, depuis que mon mari a commencé à dessiner pour nos petits-enfants, il s'y tient et peint tous les jours. Sans que quiconque l'y force. Il photographie ensuite chacun de ses dessins avec son téléphone et les poste sur Instagram. Puis, sans l'aide de personne, il les partage et lit les commentaires que nous laissent les gens. Il prend un soin infini à ne pas commettre de fausse manipulation, et bien qu'il maîtrise fort bien tout ça désormais, je sais les efforts qu'il lui en coûte. Il est déjà difficile pour les personnes âgées d'être à l'aise avec leur créativité, alors quand il s'agit d'utiliser les nouvelles technologies… Si on reste un jour ou deux sans pratiquer, on oublie comment fonctionnent notre ordinateur ou notre smartphone.

Dessins du voyage à New York

Au bout du compte, la vidéo de notre fils a attiré l'attention d'un journaliste de la BBC, qui l'a partagée avec un article sur nous. Ainsi est née la célébrité du « grand-père coréen qui raconte des histoires à ses petits-enfants sur Instagram ». Nous nous sommes d'abord retrouvés submergés de demandes d'interviews pour toutes sortes de médias, puis nous avons eu la merveilleuse surprise d'être contactés par d'anciens élèves ou camarades de classe ayant eu vent de notre histoire. Encore aujourd'hui, les commentaires et messages reçus du monde entier nous procurent un immense plaisir. En voici quelques exemples :

« Merci de nous faire partager ces moments. »
« Cette image est si touchante. »
« J'en ai les larmes aux yeux ! »
« Je n'ai plus mes grands-parents. Ils me manquent. »

Nos deux petits-fils ont quitté le Brésil pour la Corée du Sud sans parler couramment le coréen ni maîtriser l'alphabet hangeul, et pourtant, l'école coréenne leur a plu. Ce fut une grande surprise pour moi, et j'en étais très heureuse… Ils aimaient la cantine, allaient ensemble à l'école à pied, et s'essayaient à toutes sortes de sports au parc avec leurs nouveaux amis. Mais il y avait juste un détail qui clochait. « Grandpa ! Grandma ! Quand est-ce que vous revenez ? »

Nous avons donc décidé de rentrer en Corée à la fin octobre 2017, trente-six ans après l'avoir quittée. En notre absence, la Corée du Sud était devenue un pays développé. Un pays formidable mais déroutant, où les jeunes gens sont bien plus grands qu'avant, et où nos téléphones portables bipent en cas de mauvaise qualité de l'air ou pour nous rappeler de faire renouveler l'ordonnance pour notre tension artérielle.

Un jour d'août 2019, alors que nous commencions enfin à nous habituer à notre retour en Corée, nous avons reçu de New York la plus belle des nouvelles :

La petite Lua est venue au monde ! La maman et le bébé se portent bien.

Penchés sur les photos envoyées par notre fils, nous exultions. Comme le laissait présager son prénom, « lune » en portugais, Lua était magnifique et lumineuse. Nous décelions l'un et l'autre dans son visage une ressemblance avec son arrière-grand-mère, la mère de Chan Jae. Et nous y voyions aussi notre fils, Ji Byol, ainsi que notre fille, Miru. La magie des ressemblances familiales est vraiment extraordinaire !

Fin janvier 2020, nous avons fait le voyage jusqu'à New York et enfin pu prendre la petite Lua dans nos bras. Nous avons été pris d'un fou rire, car elle ne nous quittait pas des yeux, avec son grand sourire jusqu'aux oreilles. Avec un tel sourire, elle a vraiment le don de rendre les gens heureux !

Au début, tous nos dessins étaient signés « *Pour AAA* », la dédicace reprenant les initiales des prénoms de nos petits-fils : Arthur, Allan et Astro. Maintenant que notre petite Lua les a rejoints, l'heureux grand-père a ajouté un « *L* » à ses dédicaces. « J'espère que toi aussi tu liras dans mon cœur, petit trésor », lui a-t-il confié.

De retour en Corée, comme à notre habitude nous dessinons et écrivons pour nos petits-enfants d'ici et pour nos petits-enfants des États-Unis. Aujourd'hui, comme hier et comme demain, nous allons continuer à dessiner et à écrire, tout simplement.

Grandma Marina et Grandpa Chan

REGARDE
COMME C'EST BEAU

N'oubliez pas de regarder les étoiles –
et non pas à vos pieds.

STEPHEN HAWKING

Printemps

TOUS TES PETITS RIENS

Hé, Astro,

Sais-tu que nous t'avons emmené au musée quand tu avais tout juste un an ?

Moi je m'en souviens comme si c'était hier :
tu courais dans tous les sens en dévorant tout du regard,
des étoiles dans les yeux. Ce sont les tableaux d'Henri Rousseau
que tu avais préférés. En repensant à ce jour-là, je me souviens que tu
avais demandé à ton papi de te peindre une image qui s'appellerait *Rêve*.

Quels rêves as-tu faits aujourd'hui, Astro ? Pourrais-tu
nous les dessiner ? Nous nous intéressons à tous tes petits riens.

VOYAGE DANS LE TEMPS

Comme il ne parle pas encore, le petit Astro n'arrête pas d'agripper son papi par la main pour l'entraîner dans sa chambre.
Quand Grandpa frappe le tambourin, Astro danse autour de lui.
Que ce soit Grandpa avec son tambourin ou Astro avec sa danse, ils sont tous les deux absorbés par leur activité.

Les minutes passant, les pensées de Grandpa se mettent à divaguer. Elles le ramènent au temps de ses trois ou quatre ans et aux souvenirs liés à cette époque, lorsque son père tapotait la porte comme s'il s'était agi d'un tambour – *Tung ! Tung !* –, et que lui dansait sur ce rythme : *du-oong-doong du doong du-doong-doong-doong*.

De même qu'au son du tambourin Grandpa devenait son propre père, Astro devenait le fils de ce père, c'est-à-dire son propre grand-père, quand ce dernier était enfant.

UNE JOLIE IMAGE

Par un jour de pluie, vous marchez tous les deux.
Deux frères qui marchent l'un à côté de l'autre sous le même parapluie.
Il a beau pleuvoir, vous avez tant de choses à observer.
Cela me réchauffe le cœur de vous voir marcher tous les deux,
et aller de l'avant.

DIAMANTS DE GOULD

Ces temps-ci, ton grand-père et moi découvrons enfin toute la beauté du monde. Quand nous étions jeunes, nous étions bien trop occupés pour nous en rendre compte. Est-ce que cela signifie que nous avons enfin atteint l'âge de la maturité ? Il y a tant de choses belles et mystérieuses. Il faut dire qu'aujourd'hui le monde entier est accessible depuis n'importe où.
Avez-vous déjà entendu parler des Diamants de Gould, qui vivent en Australie ? Ils mesurent environ dix centimètres de long ; regardez comme leurs couleurs sont éclatantes !
Rien ne surpasse la beauté de la nature.
Est-ce que cela signifie que les humains sont beaux, eux aussi ?

LES ENFANTS ONT LEUR PROPRE LANGUE

Nous faisons une sortie en famille au musée d'histoire naturelle.
Astro n'arrêtant pas de jacasser, Arthur et Allan lui demandent :
« Mais qu'est-ce que tu racontes ? »

« T. rex, T. rex… » Astro grimpe sur les épaules d'Allan,
et Arthur les prend tous les deux sur les siennes, formant ainsi une tour.
Astro est un expert en paléontologie ! Il pose mille questions sur
ce tyrannosaure. Arthur et Allan étaient exactement pareils à son âge,
alors, sans rechigner le moins du monde, ils hissent Astro
pour qu'il puisse observer le reptile de plus près.
Mais la tête du tyrannosaure est encore trop loin.
Astro n'en finit pas de marmonner, et le dinosaure de sourire.
Si Arthur et Allan n'ont aucune idée de ce que raconte leur cousin,
le tyrannosaure, lui, semble le comprendre.

Astro a deux ans aujourd'hui.
Il a toujours son langage à lui.
Il gazouille tant et plus dans sa langue,
En répétant ces mots que ses cousins ne comprennent pas toujours,
Mais que le tyrannosaure avait immédiatement compris.

CES MOMENTS OÙ VOUS NOUS MANQUEZ

Sans crier gare, arrivent parfois des moments
où nous aurions envie d'entendre le son de votre voix.
Dans ces moments-là, nous nous remettons à dessiner et à écrire,
comme maintenant.

À TOUTES LES MÈRES ET À TOUS LES ENFANTS DU MONDE

Sur la photo, Astro joue avec sa mère dans une piscine à balles. Il a l'air aux anges. Il adore jouer avec les autres. Mais il a l'air de s'amuser d'autant plus qu'il est en compagnie de sa mère. Même si l'enfant sur la photo n'était pas Astro, ce serait tout de même un plaisir de la regarder. Les enfants ne sont-ils pas toujours heureux de pouvoir jouer avec leur mère ? Le simple fait d'être ensemble, c'est merveilleux.

Ah ! Je veux partager cette image avec toutes les mères qui travaillent, dans le monde entier. Il ne me semble pas si loin, ce temps où j'étais moi-même une mère qui travaillait. Je l'ai été pendant une grande partie de ma vie. Alors, oui, je dédie ceci à toutes les mères qui travaillent et qui ne cessent de se faire du souci pour leurs enfants. Mais aussi à tous les enfants qui, parfois, se sentent un petit peu seuls quand leur maman est au travail.

SOMMES-NOUS SI DIFFÉRENTS ?

Un chien pleure. Pourquoi, à votre avis ?

Quiconque a déjà eu un chien le sait bien : eux aussi ont leurs joies et leurs peines. Tantôt ils se sentent un peu tristes quand personne n'est à la maison, tantôt ils sont fous de joie à la vue de leurs maîtres franchissant la porte. Si ce chien n'a pu retenir ses larmes, c'est qu'il avait ses raisons.

Une association de protection des animaux a levé des fonds pour obtenir la libération de chiens enfermés dans un abattoir canin situé à Kunming, en Chine. Elle a réussi à en sauver une vingtaine. L'un d'eux s'est mis à pleurer quand la personne venue le libérer lui a caressé la tête. Quelle joie il a dû ressentir ! Après avoir vécu dans la terreur, le sentiment de sécurité qui a été le sien devait être extraordinaire.
J'essaie d'imaginer par quelles émotions est passé le chien à ce moment-là.
Nous autres humains, sommes-nous si différents de ce chien qui pleure de gratitude envers celui qui lui a sauvé la vie ?

LE PRINTEMPS APPROCHE – ET PUIS S'EN VA

Tandis qu'à São Paulo arrive le printemps,
à Séoul et à New York l'automne doit toucher à sa fin.
Les saisons vont et viennent de par le monde ;
parfois elles s'attardent quelque temps, parfois elles ne font que passer.
Ceux qui connaissent le printemps à São Paulo savent que, bien souvent,
à peine celui-ci est-il arrivé qu'il est déjà reparti.

LE TEMPS VENU

Debout près de la fenêtre, Astro regarde dehors.
Il y reste un long moment.
Cette photo d'Astro vu de dos en dit long.
Il contemple la rue visible depuis la fenêtre,
espérant que réapparaissent Grandpa et Grandma,
qui ont joué avec lui toute la journée.
Il repense au moment où la voiture a emporté Grandpa et Grandma au loin.
Cette image d'Astro vu de dos me serre le cœur.

Tu sais quoi, Astro ? Même si tu l'ignores encore, cette chose
qui t'a laissé une petite, une minuscule marque sur le cœur,
c'est la peine qu'on appelle la séparation.

Cette peine, bientôt, se muera en nostalgie,
celle que l'on ressent quand quelqu'un vous manque.

J'ai l'espoir qu'un jour, quand viendra le temps où tu la ressentiras
à nouveau, tu sauras alors qu'il existe aussi la joie des retrouvailles.

DOCTEUR GRANDPA

C'est arrivé récemment, un matin.

« Coucou, Astro, viens par ici. As-tu bien dormi ? »
Astro a rejoint son grand-père, mais n'a rien répondu.

« Que se passe-t-il ? Tu t'es fait mal, Astro ? »
Astro, toujours muet, a grimpé sur le lit de Grandpa
en pointant sa lèvre du doigt.
Il avait dû se cogner.

« Oh non ! Tu dois avoir mal. Écoute-moi, Astro :
si Grandpa souffle sur ta lèvre, tu ne sentiras plus rien. »

Alors Grandpa a soufflé un court instant et Astro, retrouvant le sourire,
a agrippé sa main. Grandpa savait ce que cela signifiait :
Astro voulait qu'il vienne jouer avec lui dans sa chambre.
Alors, Grandpa et Astro ont passé la journée à jouer
dans la chambre d'Astro.

LES PIEDS D'UN ENFANT

Les enfants grandissent.
Chaque heure un peu plus,
Chaque jour un peu plus
Ils n'arrêtent pas de grandir.

FILS DE QUELQU'UN, PÈRE DE QUELQU'UN

Alors que je marchais dans la rue l'autre jour, j'ai aperçu un aiguiseur de couteaux et son échoppe ambulante. Âgé d'une quarantaine d'années, l'homme faisait tourner sa meule à coups de pédale et tenait le couteau de ses deux mains. Il fredonnait gaiement, tout à sa tâche qu'il avait à cœur de bien faire. Je me suis approchée de lui pour lui demander combien de couteaux il aiguisait en une journée. Avec un grand sourire, il m'a répondu : « Entre huit et dix. » Je n'ai pas eu le cœur de lui demander combien on le payait pour chaque couteau aiguisé.

Cet homme est forcément le fils de quelqu'un, et probablement aussi le père de quelqu'un. Au Brésil, le deuxième dimanche d'août on célèbre la fête des Pères. Ce jour-là, les pères ont droit à une embrassade spéciale. Même si un bon père méritera toujours bien davantage, grâce à ce simple geste son visage s'illuminera d'un grand sourire…

PAPILLONS

Voyez-vous tous ces papillons qui virevoltent ? Quel spectacle magnifique.

À la vue de cette profusion de couleurs en mouvement, m'est soudain revenue en mémoire une comptine que nous chantions quand j'étais enfant.

Hé ! papillon, allons dans la montagne luxuriante.
Hé ! machaon, toi aussi viens avec nous.
Si nous nous laissons surprendre par la tombée du jour,
alors arrêtons-nous sur une fleur pour y passer la nuit.
Si la fleur nous éconduit, nous pourrons toujours nous contenter
d'une feuille pour y chercher le sommeil.

Ce rêve sincère de prendre son envol, de s'élever à plusieurs dans les airs pour rejoindre une forêt verdoyante… On aurait dit qu'autrefois les gens cherchaient aussi parfois à fuir le monde des humains… Comment expliquer cela ?

Je me souviens d'avoir passé des étés entiers à faire la chasse aux papillons. Cela faisait partie de nos devoirs de vacances. En Corée, les plus communs étaient la piéride des jardins et la piéride de la rave. Quand j'avais la chance de repérer un papillon tigré du Canada, l'excitation faisait battre mon cœur.
Je vous laisse imaginer ma stupéfaction quand, à mon arrivée au Brésil, j'ai vu mon premier papillon bleu.

LE TEMPS FILE À TOUTE VITESSE

Il arrive à Grandma d'oublier que nous vivons au Brésil.
Notamment quand j'observe les nuages qui défilent dans le ciel.
Voilà maintenant trente-cinq ans que nous avons quitté la Corée pour venir ici.
Tels ces nuages qui filent dans le grand bleu du ciel,
le temps a filé à toute vitesse.
Cet homme qui marche seul près de l'eau file, lui aussi,
comme un nuage.

ET À SON ÉPOQUE, C'ÉTAIT COMMENT ?

Astro joue au ballon avec son père. Il court sur le gazon, tout excité.
Manifestement, c'est vraiment super de jouer au foot avec papa.
« *Ha, ha, ha !* » En entendant les rires d'Astro,
les arbres et les fleurs arborent un large sourire.

Quant aux voisins, qui eux aussi les entendent résonner dans la cour,
ils doivent se dire : « Astro fait un match de foot avec son père !
Et si on se joignait à eux ? »

Le père d'Astro est vraiment un bon entraîneur de foot.
Je pense au père d'Astro. Et à son époque, c'était comment ?
Je ne me rappelle pas si mon mari jouait au foot avec notre fils.
À la place il devait probablement rester allongé sur le canapé pour
regarder le base-ball à la télévision, en se plaignant d'être fatigué.

MAÎTRESSE, MAÎTRESSE !

Des écoliers sont assis dans l'herbe en arc de cercle autour de leur maîtresse. J'assiste à cette scène charmante au cours d'une promenade. Ces enfants me font penser à Astro et à Allan. Curieuse de savoir ce qu'ils sont en train d'apprendre, je m'approche d'eux.

Un enfant observe des fourmis.
Un autre cueille les petites fleurs du gazon,
Un autre encore ne quitte pas la maîtresse des yeux,
malgré tous les efforts de son voisin pour le déconcentrer…

Je voudrais me joindre à eux, et lever la main moi aussi pour poser une question. « Maîtresse, maîtresse ! Qui l'emporterait si un tigre et un lion se battaient ? » Non, non. C'est le genre de question que l'on aurait posée il y a des lustres, quand les tigres parlaient. Aujourd'hui personne ne s'intéresserait à ce genre de chose.

« Maîtresse, maîtresse ! Tu préfères Spider-Man ou Iron Man ? »

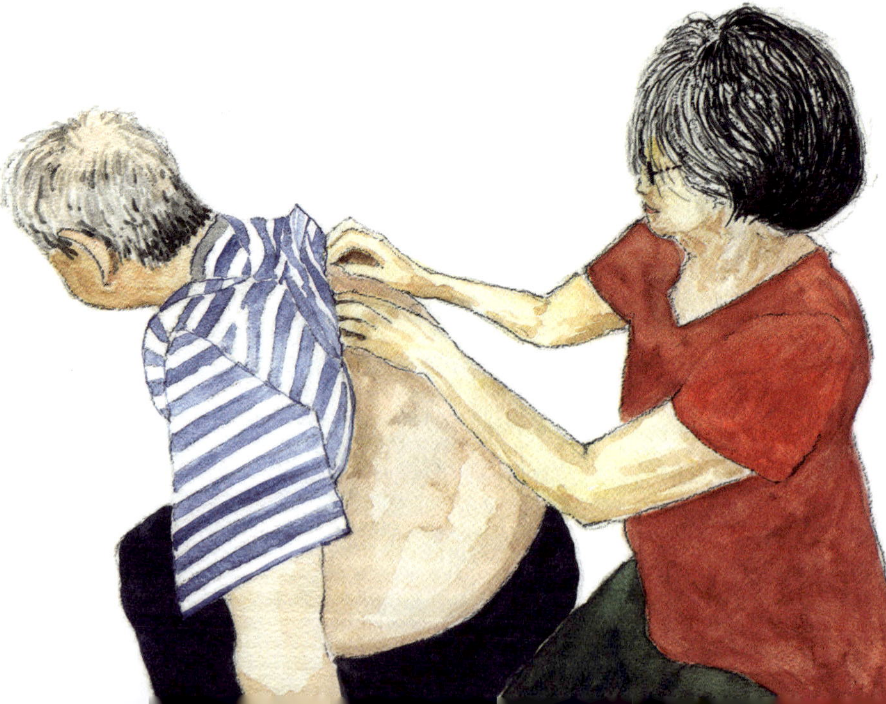

LE DOS QUI GRATTE

Pourquoi avons-nous autant le dos qui gratte en vieillissant ?
Et pas le ventre, ou le torse… ? Au moins une fois par jour,
Grandpa me crie : « S'il te plaît, viens me gratter le dos ! »
Je sais exactement ce qu'il ressent, et à quel point c'est urgent.
Ça m'arrive à moi aussi. Alors, je me dépêche de le retrouver,
je soulève sa chemise et je gratte.

« Un peu plus haut, redescends un peu, à gauche… non,
plus haut vers la droite, encore un peu plus bas… Oh ! Voilà, tu y es ! »
Je finis toujours par trouver l'endroit exact où ça le démange !

J'ai depuis longtemps arrêté de me laisser pousser les ongles
ou de les vernir. Il faut que je puisse gratter à fond.
Pourtant, j'ai beau y mettre la meilleure volonté du monde,
ce n'est jamais assez. Soit que cela s'avère inutile en fin de compte,
soit qu'il finisse par avoir pitié de moi, au bout d'un moment,
Grandpa me dit : « C'est bon, ça suffit ! »

UN PEU DE RÉCONFORT

C'est encore le petit matin ! Le soleil perce timidement à travers les branches des arbres. Trois hommes sont assis sur un banc au bord d'une des allées les plus fréquentées du parc, où vont et viennent de nombreux passants. Je ne saurais dire s'ils sont venus ici ensemble, s'ils sont amis ou bien de parfaits étrangers. Celui qui porte un élégant chapeau noir chante en s'accompagnant de sa guitare et, pour une raison qui m'échappe, je sens chez les deux autres une certaine tristesse. Même si ce n'est pas grand-chose, j'espère que la douce rythmique de la bossa-nova leur apportera un peu de réconfort.

LA MAGIE DU DINOSAURE

Cette image a été peinte en bleu foncé. Il s'agit d'un tyrannosaure. Cette couleur semble rendre le dinosaure encore plus mystérieux. Je vais vous raconter comment elle a vu le jour.

Une jeune maman a envoyé une invitation à votre grand-père. *Accepteriez-vous de venir dans l'école maternelle de mon fils ? Les enfants adoreraient que vous leur parliez de vos peintures et aussi de la culture coréenne.*

Que pouvions-nous préparer ? Après avoir réfléchi un bon moment, nous avons fini par trouver l'idée parfaite. Celle-ci, bien sûr, impliquait des dinosaures. Nous savions qu'Astro, alors également en maternelle, adorait les livres sur les dinosaures. Grandpa en a peint tout un tas et il a emporté ses dessins avec lui. Dès que les enfants de quatre et cinq ans les ont vus, leurs yeux se sont illuminés.

« Voulez-vous essayer d'en dessiner un, vous aussi ? »

Ils se sont mis à dessiner, très concentrés. Alors qu'ils chahutaient quelques instants plus tôt, les écoliers sont aussitôt devenus totalement silencieux. Pourquoi les jeunes enfants aiment-ils autant les dinosaures ?

COURIR

Astro court.
Même pieds nus, il court vraiment vite.
Je ne vois pas ce qu'il y a de si drôle, mais il rit aux éclats.
Il court bien, sans tomber.
Est-ce donc si drôle de courir ?

Les arbres applaudissent,
et la fillette qui habite à côté crie :
« Plus vite ! Plus viiiite ! »

Mais nous, nous ne sommes guère rassurés.
Ça suffit Astro, arrête ! Astro !

GRANDMA A ENCORE TANT À APPRENDRE

À l'âge de trois ans et demi, Astro a commencé l'école.
Apparemment, chaque matin de la première semaine,
devant les grilles de l'école, il pleurnichait en s'accrochant à sa maman ;
mais dès la troisième semaine, il y allait le sourire aux lèvres.
Ça, c'est notre Astro ! Félicitations ! Tout comme tu as profité
de chaque minute de tes vacances à Séoul, en allant grimper
sur des rochers ou en traversant un pont de cordes, tu profiteras
de chacune des journées que tu passeras à l'école, n'est-ce pas ?

Mais commencer l'école si jeune…
Je ne sais pas si c'est une bonne ou une mauvaise idée.
Il y a encore tant de choses que Grandma ignore.

TOUT CE QU'IL VOUS FAUT

Une charrette recouverte d'une montagne d'objets variés est stationnée dans une rue passante. Je repense aussitôt à l'époque où le plastique n'existait pas et où corbeilles et nattes étaient confectionnées en paille ou en bambou tissés. Et je me souviens de ces femmes qui maintenaient en équilibre sur leur tête, pour les vendre dans la rue, d'impressionnantes piles de paniers de toutes tailles. Dans cet apparent bric-à-brac, chaque objet peut cependant être utile au quotidien.

J'ai envie d'apporter mon aide à ce vendeur ambulant.
Ça y est, j'ai repéré dans tout ce fatras quelque chose
dont j'ai vraiment besoin.
Il ne me reste plus qu'à l'acheter.

MÈRE, Ô MÈRE

Je n'ai pas le souvenir d'avoir jamais offert de fleurs à ma mère. Mais je connais toujours par cœur la chanson que l'on chante le jour de la fête des Parents en Corée, et je pourrais en réciter les paroles jusqu'à la dernière ligne – ou, du moins, jusqu'à la deuxième strophe…

On dit qu'il y a sous les cieux des choses grandioses,
Mais rien n'est plus grand que le sacrifice d'une mère.

Régulièrement, quand je ne me souviens plus de quelque chose, je me dis : *Tiens, il faudra que je pose la question à maman*, puis je me souviens qu'il y a déjà bien longtemps qu'elle est partie, et je sens la tristesse revenir d'un coup. J'ai moi-même bien souvent causé de la peine à ma mère, sans que je puisse aujourd'hui me rappeler pourquoi.

Maman, tu me manques tellement.

COUCHER DE SOLEIL

J'essaie de deviner quel est le vrai sujet de ce dessin.
Est-ce le soleil ? L'île ? La mer ?
Ou encore l'oiseau ?
Tout bien considéré, je dirais que c'est ce rouge intense.

Le soleil se couche.
Il finira par disparaître derrière l'horizon.
Un vieil homme a parcouru un long chemin pour saisir cet instant.
Et s'il emporte avec lui son appareil photo dans les endroits les plus reculés, même au printemps, c'est pour obtenir des clichés exceptionnels.
Chaque fois que je vois un coucher de soleil, mon cœur s'étreint.

UN AMI NOUS A QUITTÉS

« Un ami cher s'en est allé », a dit mon mari.
Stephen Hawking était né en 1942.
Bien qu'ils ne se soient jamais rencontrés, votre grand-père
et lui avaient le même âge. Et comme ils étaient tous deux fascinés
par l'espace, je sais que Grandpa le considérait comme un frère spirituel.
Les arcanes de l'univers sont si étranges, dit-on, qu'il est difficile
d'y croire. Mais le professeur Hawking – un homme,
à la force de son seul esprit – avait entrepris d'en défier les mystères.
Il nous a montré la grandeur dont était capable l'être humain.
Celui qui nous a tant appris peut désormais voyager
en toute liberté d'un astre à l'autre à travers les galaxies.
Gardons-lui une place spéciale dans nos cœurs et ayons toujours
à l'esprit le message qu'il nous a laissé : « N'oubliez pas de regarder
les étoiles – et non pas à vos pieds. »

LE TEMPS QUI PASSE

Dans le métro qui m'emmène vers le centre-ville,
je remarque une vieille femme, le visage protégé d'un masque
et tenant sa canne dans sa main.
La grand-mère, assise sur un des sièges réservés aux infirmes
et aux personnes âgées, se tient le buste bien droit et regarde fixement
les sièges où sont installés les voyageurs valides.
Je lis sur son visage une certaine solitude.
Où peut-elle bien aller aujourd'hui, alors que l'air est saturé de poussière ?
Je me demande à quoi a bien pu ressembler sa jeunesse, jadis.

LE DERNIER RHINOCÉROS

Je viens de lire un article sur la mort de Sudan, le dernier rhinocéros mâle blanc du Nord, qui vivait en Afrique. On entend souvent parler d'animaux en voie d'extinction, mais là, il était vraiment le tout dernier de son espèce ! Sur la photo, il se dresse, massif et puissant, expression même de la force. J'ai l'impression de l'entendre nous crier :

« Et vous, est-ce que vous pensez toujours que vous avez un avenir ? »

UNE SCÈNE IMPROBABLE

Les températures commencent à remonter.
Il fait encore un peu frisquet,
mais dans ma tête c'est déjà le printemps,
tant je l'attends avec impatience.
Vous vous direz peut-être que c'est un caprice,
que seuls peuvent se le permettre ceux qui ont la chance
de connaître quatre saisons distinctes.

Les cyclistes sont désormais plus nombreux le long du fleuve.
Comme je ne sais pas faire de vélo, je me contente
de les regarder de loin, non sans une pointe de jalousie.
Il y a quand même un problème : toute cette poussière dans l'air.

On distingue à peine les immeubles au loin, et même l'eau du fleuve, reflétant le ciel, est devenue d'un blanc grisâtre. Quand j'étais enfant, jamais je n'aurais imaginé que les gens seraient un jour obligés de porter des masques filtrants pour se déplacer à bicyclette. Hier j'ai même reçu un message me conseillant de ne pas sortir de chez moi.

UNE PLUIE BIENVENUE

Nous voilà en mai, roi de tous les mois.
C'est le temps où les feuilles passent d'un joli vert tendre à un vert profond.
Une pluie bienvenue tombe sans interruption depuis ce matin.
La route qui mène à l'école est pleine d'enfants qui marchent
joyeusement sous leurs parapluies.
Les feuilles sont joyeuses elles aussi, car la pluie les a lavées
de toute leur poussière.

CE MONDE QUI EST LE TIEN

Coucou Astro,

Quand tu avais cinq mois, tu n'arrêtais pas de babiller du matin jusqu'au soir. Tu tentais de communiquer de toutes tes forces, en t'aidant aussi de tes bras et de tes jambes et en te tortillant dans tous les sens. Et même quand Grandma était très loin de toi, elle avait vraiment l'impression de t'entendre. Tu inventes chaque jour de plus en plus d'histoires, et formules de nouvelles pensées. Tout un monde qui n'appartient qu'à toi, Astro, et que personne d'autre que toi ne peut voir.

MARCHER ENSEMBLE

Vous avez sûrement remarqué que Grandpa et Grandma se disputent souvent, n'est-ce pas ? Mais quelque chose a changé ces derniers temps. Avant, Grandpa ne supportait pas quand plusieurs personnes marchaient lentement côte à côte dans la rue. Comme il trouvait que ces gens étaient très énervants et ralentissaient tous ceux qui arrivaient derrière, il ne restait jamais à côté de moi mais marchait devant moi au pas de course. Il ne se retournait même pas pour vérifier si je suivais. Mais maintenant que nous sommes de nouveau en Corée, nous devons souvent prendre le métro, et comme les stations sont bondées et que j'ai de plus en plus de mal à monter et à descendre les escaliers, il m'arrive de beaucoup stresser. Un jour, j'ai pris Grandpa par le bras, et nous avons fini par prendre l'habitude de marcher bras dessus, bras dessous.
C'est merveilleux. Des souvenirs heureux me reviennent en mémoire.

Figurez-vous qu'un soir, il y a quelques jours,
alors que nous étions sortis nous promener pour profiter
d'une agréable brise de mai, Grandpa a, contre toute attente,
pris ma main dans la sienne, et nos doigts se sont même entrelacés.
Depuis, nous n'avons plus eu une seule dispute.

PAISIBLE

L'enfant dort à poings fermés.
En prenant soin de ne pas faire le moindre bruit, j'observe son visage.
L'enfant, paisible, se laisse bercer par ses rêves.

En 2017, à l'invitation du National Geographic, *Grandpa a passé dix jours dans les îles Galápagos. Les dessins nés de cette aventure ont illustré un article publié dans le magazine.*

Les Galápagos

COULEURS VIVES

Parmi tous les animaux que j'ai vus dans les îles Galápagos, mon préféré reste le fou à pieds bleus. Savez-vous pourquoi ses pieds sont d'un bleu turquoise si éblouissant ? Ce phénomène est dû aux poissons dont ces oiseaux se nourrissent. Un bleu intense étant signe de bonne santé, les femelles cherchent à s'accoupler avec les mâles aux pieds les plus bleus.

Votre Grandpa espère que, tels les fous à pieds bleus, chacun de vous développera en grandissant sa propre couleur vive.

C'EST ARRIVÉ COMME ÇA

Quand une frégate mâle essaie d'attirer une femelle, il gonfle l'énorme poche rouge située sous sa gorge en émettant un son puissant, sorte de tambourinage.
Vous pensez que seuls les animaux agissent ainsi ?
Détrompez-vous ! Quand Grandpa était à l'université, il prenait l'air le plus cool possible et paradait en chantant des chansons pop.
Et qui l'eût cru ?
Une adorable jeune femme lui a soudain manifesté de l'intérêt.
Voilà comment nous sommes tombés amoureux.

CE QUE LES ANIMAUX M'ONT DIT

Avançant d'un pas lent et régulier, la tortue a levé la tête vers moi et m'a dit :
« Maintenant que toutes ces années ont passé,
je parie qu'elles t'ont semblé filer en un éclair. »

Vous aurez du mal à me croire, mais sans même me regarder
alors que je m'approchais d'elle, une otarie qui se prélassait sur le rivage
m'a dit : « Et toi, que me veux-tu ? »

C'est seulement en venant ici que votre Grandpa a compris à quel point
nous autres humains sommes épouvantables. Nous sommes tellement
stupides d'ignorer ce que pourrait nous réserver un avenir pas si lointain !
Comment osons-nous faire courir un tel danger au monde où nous vivons,
et où, après nous, vivront nos enfants ainsi que nos petits-enfants ?

Chaque jour, une nouvelle aventure…

Cette tortue géante est bien plus vieille que Grandpa.

CIEL NOCTURNE

L'autre soir, Grandpa est soudain devenu très triste
en regardant les étoiles. Je me suis souvenu qu'enfant
je contemplais le ciel nocturne, et je demandais aux adultes
de me donner le nom des constellations et de me raconter les mythes
existant à leur sujet. Une étoile, deux étoiles, trois étoiles…
Je m'endormais en comptant les astres, allongé sur un matelas
en bambou que ma mère avait étendu dans la cour devant la maison.

Quand ai-je arrêté de regarder les étoiles ?
Après tout, le ciel n'a cessé, de jour comme de nuit, de se trouver
au-dessus de ma tête.

Ce soir-là dans les îles Galápagos, les étoiles m'ont appris quelque chose.
Votre Grandpa a fait le bilan de sa vie. Pendant des années,
j'ai pensé que la vie n'était que source de problèmes, de soucis,
et d'épuisement. Mais aujourd'hui, avec le recul, j'ai fini par comprendre
que la vie est belle. Pendant toutes ces années, votre Grandpa
ne s'en était pas rendu compte, mais ce soir-là, les étoiles me l'ont appris.

À MES A, A, A ET L

Astro, astre étincelant à nul autre pareil.
Arthur, honnête et droit comme un I ; Allan, à la curiosité insatiable.
Et la petite Lua, qui vient de rejoindre notre famille.
Lua que j'ai tellement hâte de prendre dans mes bras.
Je ne serai plus de ce monde quand vous serez adultes et que,
de temps à autre, vous aurez une pensée pour moi.
Alors, j'écris ces lettres et je peins ces dessins pour vous,
pour ces moments-là.
Si vous venez ici quand vous serez grands, je sais que, comme moi,
vous sentirez au plus profond de votre cœur combien la vie est précieuse.
Aussi fragile soit-elle.
Le caractère imprévisible de la vie est aussi ce qui la rend magique.

La nature murmure à mon oreille.
Regarde le ciel.
Contemple les étoiles.
Observe les courbes des cactus.
Admire les plumes d'un oiseau blanc.
Cherche du regard cet îlot rocheux, au loin.
Scrute l'horizon quand le soleil se couche.
Écoute le chant des mouettes.
Entends le son des vagues.

Les enfants grandissent encore plus vite en été.

Été

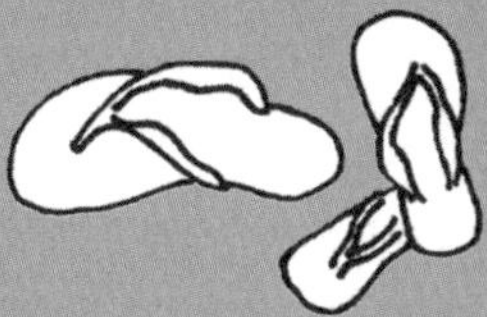

LES ENFANTS GRANDISSENT ENCORE PLUS VITE EN ÉTÉ

En voyant l'insecte que Grandpa avait dessiné sur une pierre,
Astro s'est écrié : « C'est une coccinelle ! »
Je n'en croyais pas mes oreilles.
Fou de joie, Grandpa a aussitôt peint un parterre de fleurs où, çà et là,
étaient cachées quantité d'autres petites bêtes,
le jeu consistant ensuite à les retrouver dans l'image.

L'été, saison des insectes, touche à sa fin.
Mais il n'y a pas que les abeilles et les papillons,
lors des chaudes journées d'été, vous trouverez aussi notre Astro
en train de papillonner de-ci de-là.
Les enfants grandissent encore plus vite en été.
Tel le raisin qui mûrit, ils gagnent en force et en douceur.

JEUX D'EAU

Par une brûlante journée d'été, vous êtes tous venus avec moi
rendre visite à un ami.
Après avoir fait les fous dans la piscine,
vous vous êtes reposés à l'ombre quelque temps
puis vous avez joué dans une petite bassine en riant aux éclats.
Les jeux d'eau, nous l'avions tous oublié, sont vraiment,
vraiment sensationnels.

LE MONDE NE TOURNE PLUS ROND

Le ciel est entièrement gris.
Il tombe une pluie fine, si bien que personne ne se hasarde dehors.
C'est un peu trop calme, je pense que je vais mettre
un peu de musique joyeuse.

Les nouvelles ne sont guère réjouissantes ces temps-ci. Je suis inquiète,
je redoute qu'il ne se produise, quelque part dans le monde,
une catastrophe déclenchée par la moindre provocation.
J'ai l'impression que les gens sont de plus en plus indifférents
les uns aux autres.

Les yeux levés vers le ciel, je me surprends à prier ;
je prie pour que vous viviez toujours en paix. Je vais demander
à votre Grandpa de vous dessiner un arc-en-ciel, symbole d'espoir.

UN VÉLO DANS LA FORÊT

Regardez, il y a un vélo dans la forêt, appuyé contre un arbre.
La personne qui l'a laissé là devait avoir envie de se reposer
un moment ici, pour profiter des fleurs magnifiques et de l'air pur.

Cette personne, c'est ta maman, Astro. Tu le savais, n'est-ce pas ?
Il y a peu, ta maman est tombée malade.
Mais elle va beaucoup mieux aujourd'hui.
Elle n'a même plus besoin de prendre de médicaments et peut à nouveau
faire du vélo pour venir dans des endroits comme celui-ci.
Quand elle s'est enfin sentie assez bien pour retourner
au bord de la mer, à une trentaine de kilomètres à peine de votre maison,
elle nous a dit avoir été submergée par l'émotion.

Maintenant, regarde à nouveau le dessin.
Il contient de nombreuses histoires, ne trouves-tu pas ?

ALLAN ET L'ARBRE NE FONT PLUS QU'UN

Allan grimpe dans un arbre.
Au cours de son ascension, il s'arrête un instant
pour reprendre son souffle.
Dès que sa mère l'aperçoit ainsi perché, elle lui crie :
« Ne grimpe pas si haut, Allan ! »
Allan ne répond pas.
« Je te l'ai déjà dit : tu vas finir par tomber ! »
Allan enroule ses bras autour du tronc d'arbre et ne fait plus un geste.
Quand je dirige à nouveau mes yeux vers l'arbre, Allan a disparu ;
tout ce que je remarque, c'est que le tronc semble s'être épaissi.
Ça alors ! Allan s'est transformé en arbre.

DE LOIN

Le premier jour de notre exposition, un homme est entré
dans la galerie en s'aidant de sa longue canne blanche.
Il était accompagné d'une auxiliaire de vie qui se tenait à ses côtés.
« Ils ne sont quand même pas venus pour admirer les peintures, si ? »

Mais ce jour-là, ma remarque de bon sens avait sérieusement
manqué de jugeote. J'avais tout faux. Ils se sont arrêtés devant
chacun des tableaux. C'est peu dire que j'étais nerveuse en les observant.
L'auxiliaire faisait une pause devant un tableau puis le décrivait
dans les moindres détails. Quand elle en avait terminé,
ils passaient au suivant, et ainsi de suite.
Ils avaient tous les deux l'air très contents.

J'aurais voulu me poster à proximité pour les écouter, mais jugeant
qu'il valait mieux les laisser tranquilles, je me suis contentée
de les observer de loin, en restant à l'autre bout de la salle.
Mon cœur battait la chamade.

À votre avis, à quoi pouvaient bien ressembler les tableaux
dans la tête de cet homme ?

ASTRO SUR SA TROTTINETTE

En regardant une vidéo où Astro filait sur sa trottinette comme un pro, je me suis souvenue d'une sortie matinale avec lui, quand il avait quatre mois.

C'était à Brooklyn, par un beau matin ensoleillé. Comme je m'étais levée tôt, j'avais emmené Astro faire un tour de poussette. Les rues étaient calmes, et même le vent soufflait en silence. Mais quand nous étions arrivés au parc, ce dernier grouillait déjà d'enfants. L'un deux en particulier, âgé d'environ deux ans, avait capté mon attention. Il avait beau être haut comme trois pommes, il fonçait à toute allure sur sa trottinette sans l'aide de personne ! *Bon sang !* J'en croyais à peine mes yeux. Est-ce que notre Astro serait un jour capable d'en faire autant ? Épatée par ce gamin, je m'étais demandé si Astro deviendrait lui aussi un as de la trottinette.

Après avoir beaucoup grandi en un rien de temps, Astro est désormais tout aussi rapide que cet enfant sur son engin à roulettes. Et maintenant, une autre grand-mère doit être en train de t'admirer en se demandant quand son petit-fils deviendra lui aussi un as de la trottinette. Qui sait ce que sera le nouveau talent d'Astro dans cinq ans ? N'oubliez pas que nous gardons toujours un œil sur vous, impatients que nous sommes de découvrir vos dernières prouesses.

LE SHORT DE GRANDPA

Que pensez-vous de Grandpa en short ?
Il a de l'allure, non ? Cette tenue le rajeunit tellement !
C'est ainsi vêtu qu'il s'est rendu à sa réunion d'anciens camarades de lycée.
Le groupe était composé de vieux messieurs, tous presque octogénaires.
Ils se sont rassemblés un après-midi dans un restaurant et ont parlé
de tout et de rien pendant quelques heures.
Il faisait très chaud ce jour-là, sans trop réfléchir Grandpa avait mis
son short en jeans, comme il en avait l'habitude au Brésil.
Mais en Corée, il semblerait qu'une tenue aussi décontractée
soit inconvenante dans ce genre de circonstances.
Apparemment, un vieil ami de Grandpa s'est approché de lui
et lui a gentiment fait comprendre qu'il ne devait pas venir
habillé ainsi la prochaine fois.
Grandpa a acquiescé d'un signe de tête sans protester.
Après tout, il n'a aucune raison particulière de sortir en short.

COURSE DE RELAIS

Le simple fait de penser à une course de relais me rend nerveuse.
Que se passera-t-il si je n'arrive pas à attraper le témoin ?
Ou si je ne le transmets pas comme il faut ?
Et s'il m'échappe des mains, ou que je ne cours pas assez vite ?
Ou bien… oh non ! Et si jamais je me casse la figure ?

Les garçons, je vous ai imaginés en train de vous livrer à une course de relais un peu particulière. Un bouquet de fleurs tient lieu de témoin. Arthur passe le bouquet à Allan, qui le transmet à Astro.

Astro veut donner les fleurs à son bébé dinosaure favori. Son ami l'acceptera-t-il ? Sachant qu'en réalité les fleurs sont un gage d'affection, nous sommes tous convaincus qu'il les acceptera volontiers.

Le bébé dinosaure s'élance, court, et… !
Oh, comme c'est drôle… Le petit dinosaure se retourne
et redonne les fleurs à Astro.

Et la course repart dans l'autre sens.

ARTHUR SE RASE POUR LA PREMIÈRE FOIS

Arthur, quand j'ai vu cette photo où tu te rases pour la première fois, à l'âge de quatorze ans, je me suis sentie si fière. Sais-tu pourquoi ? Peut-être parce que tu n'es plus un enfant : tu es un homme maintenant. J'ai demandé à ton Grandpa quand il avait commencé à se raser, mais il m'a dit ne pas s'en souvenir.

J'avais remarqué que tu avais l'air un peu négligé ces derniers temps. Est-ce ta maman qui t'a suggéré d'y remédier ? Est-ce que tu te sens plus net maintenant ? Tout s'est bien passé ? Ça n'a pas dû être si simple. Mais maintenant que tu as commencé à te raser, tu vas devoir devenir un expert !

POISSON TROPICAL

Arthur va bientôt rentrer au collège. Je suis si fière.
Les deux frères, qui avaient été scolarisés dès leur arrivée en Corée alors qu'ils ne maîtrisaient la langue ni à l'écrit ni à l'oral, viennent de terminer leur CM1 et leur CM2. Tous les deux ont obtenu de très bons résultats. Après m'être creusé la tête pour te trouver un cadeau en guise de récompense, Arthur, j'ai enfin trouvé une idée. Me souvenant que tu avais un aquarium avec deux petits poissons quand tu vivais au Brésil, j'ai demandé à Grandpa de te dessiner de jolis poissons.

Pour être tout à fait honnête, j'avais aussi une autre idée en tête. J'avais toujours espéré qu'une fois au collège, tu aurais la chance de lire la nouvelle « The Gift of Understanding » (« Le don de l'intelligence »), de l'auteur américain Paul Villiard. À chaque fois que j'étudiais cette histoire avec mes élèves, j'étais bouleversée. Dans cette histoire, il est question d'un poisson tropical.

ASTRO DANSE

Astro, tu auras trois ans fin avril.
Je suis toujours émerveillée de te voir danser.
Tu as les mêmes mouvements que les danseurs traditionnels coréens.
D'où te vient cette connaissance des vieilles chorégraphies coréennes, et de leur énergie ?
Les as-tu apprises, ou vues quelque part ?
Ou bien as-tu compris tout seul comment maîtriser ces rythmes ?
Quand je te regarde danser, je vois tout de suite que du sang coréen coule dans tes veines.

COUPLES

Arthur, quand Grandma était en quatrième, comme toi, elle fréquentait un club de lecture secret que les grands de mon collège avaient mis en place. Des garçons aussi le fréquentaient. C'était formidable. Nous lisions des œuvres comme *Enoch Arden*, de Tennyson, ou *Le Lac de l'île d'Innisfree*, de Yeats, et en débattions ensemble. À cette époque, il arrivait que des garçons me raccompagnent chez moi ou me fassent passer des lettres par l'intermédiaire d'une de mes amies. C'était assez risqué car j'avais toujours peur que mon père le découvre. Même chose quand, une fois étudiante, j'ai commencé à sortir avec ton grand-père : dès que nous approchions de la maison, je redoutais d'être aperçue en compagnie d'un garçon.

De retour en Corée après trente-six années d'absence, je vois des jeunes couples échanger des baisers furtifs dans la rue ou dans le métro. Le temps a passé, et la Corée n'est plus la même. Pour tes Grandpa et Grandma, aujourd'hui vieux et grisonnants, la vue de deux jeunes collés l'un à l'autre sur un banc est un spectacle réjouissant.

Dis, Arthur, éprouves-tu des sentiments pour quelqu'un ?

CACHE-CACHE

Notre Astro se cache derrière un arbre.
« Hé ? Où a-t-il bien pu aller ? » dis-je comme si je me parlais à moi-même mais assez fort pour être certaine qu'il m'entende. Je fais semblant de ne pas savoir exactement où il se trouve et me dirige dans la direction opposée. Mais Astro, sachant qu'il entendra bientôt sa grand-mère revenir sur ses pas, s'efforce, malgré l'excitation, de se tenir parfaitement immobile.

Je n'ai pas le souvenir d'avoir jamais joué à cache-cache avec ma mère. Elle devait être trop épuisée pour ça, ayant enchaîné les grossesses pour ensuite s'efforcer d'élever au mieux sa progéniture. Et à l'époque, il n'était pas dans les usages de jouer avec les enfants. Deuxième fille au sein d'une fratrie de sept enfants, j'ai par ailleurs été d'une santé fragile dès mon plus jeune âge, ce qui m'a valu l'interdiction de jouer avec les autres gosses du quartier.
Et quand il s'est agi d'élever les miens… eh bien, aujourd'hui je ne sais plus du tout comment je m'y prenais !

Arthur, Allan, est-ce que vous vous rappelez quand vous jouiez à cache-cache avec moi ? Le temps a filé si vite que c'est désormais au tour d'Astro. Ne l'entendez-vous pas, derrière son arbre, qui tente de retenir sa respiration ? « Hff hff, hff hff… »

Après avoir feint de le chercher dans tous les coins, je finis par m'écrier :
« Oh ! Le voilà ! J'aperçois les cheveux d'Astro qui dépassent. »
Au moment où il réalise que j'ai trouvé sa cachette, je sens moi aussi mon estomac se nouer, comme le sien.

LA MORT DE 416 BALEINES

Aujourd'hui j'ai appris une nouvelle bien triste et à peine croyable.
Des centaines de baleines sont mortes en même temps.
Apparemment, 416 baleines ont été retrouvées coincées sur une plage de Nouvelle-Zélande. Bizarrement, elles se sont échouées en deux groupes distincts d'environ deux cents individus chacun. Des volontaires ont tout fait pour en sauver ne serait-ce qu'une, essayant par tous les moyens de les remettre à l'eau. Ces baleines en avaient-elles assez de vivre ?

Il y a quelque temps, j'ai lu un article détaillant la multitude de déchets qui avaient été retrouvés à l'intérieur de l'estomac d'une baleine dans l'Atlantique Nord. À votre avis, en se donnant la mort, ces 416 baleines comptaient-elles envoyer un message de protestation aux humains ?
J'en ai eu le cœur gros toute la journée. Je ne peux pas m'empêcher de penser à tous ces enfants qui adorent les baleines
et qui ne voudraient surtout pas qu'on leur fasse du mal…

JEUX DE SABLE

Un enfant joue avec le sable au bord de la rivière.

Il reste un long moment assis sans bouger, à pétrir le sable de ses mains.

Je vous soumets la question suivante :

À quoi pense cet enfant ?

LE CRI STRIDENT DES CIGALES

Le matin, ce sont les pies, et le reste de la journée, les cigales.
Quand je les écoute, j'oublie que nous sommes au cœur d'une grande ville.
Ici, où les immeubles sont plantés en rangs plus serrés encore que
les arbres d'une forêt, les cigales hurlent toute la journée en un chœur rugissant.

Le bruit des cigales me semble avoir bien changé. Autrefois,
leur chant était plus calme. Elles chantaient un moment
puis s'interrompaient, comme pour se reposer la voix. Aujourd'hui,
les cigales ne font que hurler à longueur de journée, sans jamais s'arrêter.

Une question me traverse l'esprit. Si tous ces immeubles
n'avaient pas été construits, cet endroit aurait-il été planté d'arbres ?
Si oui, ce serait alors aussi devenu le quartier des cigales.

L'ORQUE TILIKUM

Alors qu'elle jouait avec sa famille, insouciante, dans les eaux claires et froides de l'Atlantique Nord, une orque mâle âgée de deux ans a été capturée par un chasseur. Elle a alors reçu le nom, sorti de nulle part, de Tilikum, puis a dû changer radicalement d'existence.
Elle allait désormais devoir s'entraîner chaque jour du matin jusqu'au soir, de manière à pouvoir nous offrir, à nous humains, un spectacle de divertissement.

À force d'un travail acharné, l'animal est devenu un artiste accompli se produisant sous les hourras et les applaudissements de spectateurs venus des quatre coins du monde rien que pour le voir.
Pendant trente années de sa vie, Tilikum a bondi hors de son bassin, fait des tours sur lui-même dans les airs puis replongé dans l'eau avec fracas. Après avoir défrayé la chronique en causant la noyade d'un de ses dresseurs, il a fait l'objet d'un film documentaire.
S'en est suivie une polémique sur le fait de savoir si Tilikum était trop dangereux pour être en contact avec des humains, et sur l'opportunité de garder des orques en captivité ; mais il n'est venu à l'esprit de personne d'essayer de comprendre sa colère larvée.
Toutefois, peu après l'accident, Tilikum a repris du service dans le spectacle aquatique.

Le temps a passé, Tilikum a vieilli puis est tombé malade. Son état s'est dégradé au cours de l'année suivante, et il est mort, à l'âge de trente-cinq ans. Ce n'est qu'après sa mort que Tilikum, l'orque longue de dix mètres et pesant six tonnes, a enfin pu retrouver son océan natal, qui devait tant lui manquer. Aujourd'hui que son esprit flotte parmi les eaux claires et froides de l'Atlantique Nord, je suis certaine qu'il ne manque pas d'alerter les autres orques sur le prix inestimable de la liberté et de la vie de famille. C'est comme si je l'entendais.

UNE SOIRÉE DANS UN QUARTIER ORDINAIRE

Un quartier ordinaire de São Paulo, d'autant plus convivial qu'il est tout sauf riche. Un quartier aux tuiles rouges et aux murs blancs, où l'on peut aussi apercevoir çà et là un toit d'ardoises. C'est le genre de quartier où l'on trouve de grands arbres et des graffitis sur les murs.

Il est environ six heures du soir, et j'imagine toutes les mères affairées dans leurs cuisines à préparer le dîner. Connaissez-vous le généreux fumet du *feijão* quand il cuit à feu doux ? Apparemment, quelqu'un est aussi en train de faire frire des ailes de poulet. Avec tous ces arômes délicieux qui flottent dans l'air, je commence à avoir faim.

C'est l'heure où les membres de la famille, un à un, rentrent chez eux.
L'heure où le jour commence à tomber.
Le dîner sera égayé par le récit des anecdotes de la journée.
Et vous, est-ce que vous avez passé une bonne journée ?

AU BRÉSIL AUSSI, ON AIME L'AIL !

Aujourd'hui, j'ai vu un marchand d'ail en face de notre immeuble. Bizarrement, j'ai eu l'impression de tomber sur un vieil ami. Son visage m'a paru si familier que je l'ai suivi pendant un bon moment. En passant devant l'épicerie du coin, il a soulevé ses bottes d'ail comme si elles ne pesaient rien et s'est écrié :
« Regardez-moi ces gousses d'ail ! Achetez mon ail ! »

Au même moment, j'ai aussitôt repensé à une anecdote datant des premiers jours suivant notre arrivée ici. Tandis que nous roulions le long d'un cours d'eau près du quartier des grands marchés alimentaires, j'ai repéré un marché à l'ail. Exactement ! Un marché entier consacré à la vente d'ail ! À l'intérieur, des montagnes d'ail, que ce soit en vrac dans de grands sacs ou en bouquets de bulbes montés en couronnes autour de leurs tiges tressées. Ce qui m'a le plus frappée, c'est qu'elles étaient tressées exactement de la même manière qu'en Corée…
« Waouh, incroyable ! »

Qui aurait cru que les Brésiliens pouvaient manger autant d'ail ? En découvrant cela, je m'étais dit que nous n'aurions aucun mal à vivre ici. Bien plus tard, en revanche, j'ai été vraiment choquée d'apprendre qu'au Brésil les gens rajoutent même de l'ail pendant la cuisson du riz.

DAME NATURE

Voici le mont Jaraguá, vu depuis notre appartement.
Nous l'avons rebaptisé Namsan, « montagne du sud » en coréen.
Ne vous rappelle-t-il pas le mont Namsan, à Séoul ?
Je peux le contempler pendant des heures. Quelque chose nous relie ;
c'est comme si j'avais en face de moi ma ville natale.

Mais peu à peu, des nuages noirs se forment et,
en moins d'une minute, il se met à tomber des cordes.
Une fois encore, l'extraordinaire puissance de la nature se rappelle à moi.

CONTRIBUER À LA BEAUTÉ DU MONDE

Mes chers Arthur et Allan, voilà déjà sept mois que vous êtes partis. Quand vous habitiez à São Paulo, vous aviez l'habitude d'inspecter mes plantes une à une à chacune de vos visites, prêtant une attention particulière aux gousses vertes de mon plant de piment.
Un jour que vous étiez venus nous rendre visite à votre retour de vacances, à peine avez-vous franchi le pas de la porte que vous vous êtes précipités sur la terrasse pour aller voir mes plantes. En votre absence, les piments verts avaient pris une teinte rouge foncé. Regardez ce rouge magnifique qu'arborent aujourd'hui mes piments. C'est la plante elle-même qui a produit tant de beauté.

UN JARDIN MINUSCULE

Mon endroit préféré dans le petit appartement que nous occupions au Brésil était la terrasse. Le carrelage bleu dont nous avions recouvert les murs était du meilleur effet : l'endroit était vraiment magnifique. Mais j'avais pensé : *Pourquoi ne pas y faire pousser une plante verte retombante ?* Je m'étais alors précipitée au magasin de jardinage pour acheter des jardinières en terre cuite, et nous les avions accrochées aux murs de part et d'autre de la terrasse. Cela rendait encore mieux que je ne l'avais imaginé. Pour commencer, nous avions planté quelques lianes de Chaîne des cœurs.

Au début, quand j'ouvrais la fenêtre et que je voyais à perte de vue les immeubles gris de São Paulo, j'étouffais un peu. Mais dès que j'ai eu mon jardin miniature et que j'ai pu m'occuper de chacune de mes plantes, je me suis tout de suite sentie mieux.

TIGRE

Le 29 juillet, c'est la Journée internationale du Tigre. Elle a été instituée pour prévenir l'extinction de cette espèce. Saviez-vous que les tigres étaient autrefois très présents dans la péninsule coréenne ? Les gens pensaient qu'ils avaient des pouvoirs magiques. Mais comme c'étaient aussi des animaux très dangereux, des chasseurs un peu trop zélés ont, il y a une centaine d'années, exterminé les derniers représentants de leur espèce. Le valeureux tigre a toutefois fait son retour en Corée en 1988, réincarné en mascotte officielle des Jeux olympiques d'été de Séoul.

GRANDIR

Quand nous avons revu Astro neuf mois plus tard,
il avait grandi physiquement, bien sûr, mais aussi dans sa façon de parler,
de se conduire, de raisonner. Parfois je suis estomaquée de l'entendre
utiliser tel ou tel mot. En même temps, il conserve cette énergie
extraordinaire propre aux bébés : il ne tient pas en place et,
quoique encore tout petit, sait tenir tête à la famille tout entière.
C'est fou, mais aussi tout à fait enviable.

Astro nous fait tous nous lever. « Allez, on fait le petit train. »
Il va jusqu'à s'assurer que nous y mettons tous le même enthousiasme,
et motive ceux qui en manqueraient de sorte que personne ne puisse
dire : « Maintenant, c'est bon, on a assez joué comme ça. »
Mon Dieu, que nous sommes épuisés ! Pas facile de suivre le rythme !

PENSÉE INSPIRÉE DES MONTAGNES

Comme cette montagne est imposante et profonde.
Et nous, les humains, sommes si petits et si superficiels.

ASTRO ET LUA

Astro regarde le bébé.
Avec beaucoup de précaution, il caresse sa joue.
Soudain il éloigne sa main.
Le bébé a bougé !

Il pose sa main sur les pieds du bébé, les effleure à peine.
Comme ils sont doux ! Il ne connaît rien d'aussi doux.

Astro, laisse Lua dormir. Elle est encore si petite !
Arrête d'embêter ta petite sœur.
Bientôt elle te suivra comme ton ombre et te posera mille questions,
Qu'est-ce que c'est, Astro ?
Astro, est-ce que ça fait très mal ?
Pourquoi est-ce que je ne peux pas venir avec toi ?
Alors, profite de ces moments de calme, car dans peu de temps
elle ne te laissera pas tranquille un seul instant.

LE BERCEAU

Astro est silencieux. Où est-il ?

Oh ! Il s'est installé dans le berceau de sa sœur ?! Le pauvre, on dirait qu'il a pleuré. Te sens-tu seul, Astro ? Je pense connaître ce sentiment.

T'arrive-t-il parfois, à toi aussi, d'avoir envie de redevenir un bébé ? C'est normal. Allonge-toi un instant dans le berceau, sur le côté, recroquevillé comme un nouveau-né. Grâce à l'odeur du bébé, tu trouveras vite le sommeil. Tu te sentiras beaucoup mieux après t'être reposé un peu. Alors, tu fonceras pour la rejoindre et voir ce qu'elle traficote. Tu caresseras délicatement ses petites mains et ses petits pieds et tu lui murmureras : « Lua, ma petite sœur chérie, Lua ! »

LE PINGOUIN QUI REVENAIT TOUS LES ANS

João Pereira de Souza est un vieil homme qui vit sur une île dénommée Ilha Grande, près de Rio de Janeiro. Un jour il a trouvé un pingouin à moitié mort devant chez lui. L'animal était entièrement recouvert de pétrole. « Oh ! mon Dieu, mon pauvre ! Qu'est-ce qui t'est arrivé ? » João a alors entrepris, délicatement, de le nettoyer. Après avoir retiré tout le pétrole, il a nourri le pingouin, âgé d'environ quatre ans, jusqu'à ce qu'il soit à nouveau d'aplomb.
Mais João avait beau essayer de le relâcher dans la nature, le petit bonhomme refusait de le quitter. Alors, il est resté vivre avec João quelque temps puis il a fini par partir. Mais, chose étonnante, le pingouin, entre-temps baptisé « Dindim » par João, est revenu quatre mois plus tard.

Depuis, Dindim revient voir João tous les ans et il reste chez lui quelques mois. Je suis certaine que Dindim le pingouin, décidément très doué pour exprimer sa gratitude, comprend le portugais.
Cette histoire n'est-elle pas extraordinaire ?

TOUS LES BÉBÉS SONT DES ANGES

Une jeune maman marche dans la rue, son bébé dans les bras.
Le bébé n'a pas l'air d'avoir plus de deux mois.
Il y a tant de choses à observer autour de lui que ses grands yeux brillants vont et viennent en tous sens. Tout doit lui paraître tellement nouveau, tellement intrigant. Ce bébé ressemble en tout point à un ange de Raphaël. Tandis que je marche derrière eux, je capte le regard du bébé et lui fais un signe de la main. Malgré moi, je me retrouve aussitôt à bêtifier et à lui faire des grimaces qui le font se tortiller de joie.
J'ai continué ainsi pendant un bon moment. Une fois rentrée à la maison, j'ai demandé à Grandpa de le dessiner : je voulais que ce bébé ait les traits d'un ange.

Souvenirs de Grandpa

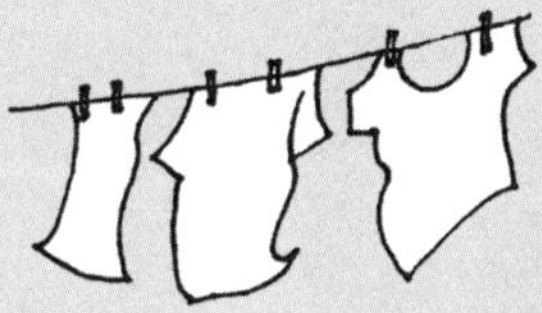

TROMPETTE AU CLAIR DE LUNE

Ton Grandpa a tant de mélodies anciennes enfouies au fond de son cœur. Dans trente ans – voire soixante – tu te surprendras toi aussi à fredonner les airs de tes musiciens favoris. Même si le temps a passé, il y a un moment musical que je garde particulièrement en mémoire. C'était par une nuit de pleine lune, quand ta mère et ton oncle étaient encore tout petits. La musique provenait de la colline située juste à côté de notre ancienne maison, à Hwagok-dong.

Au cœur de la nuit, alors que tout le monde dormait à poings fermés, j'ai entendu une trompette résonner dans la colline. Perçant à travers les arbres, les notes s'étiraient au loin pour atteindre le quartier niché en contrebas, puis s'envolaient vers le ciel. Elles montaient dans la nuit éclairée par le clair de lune… C'était un air sublimement triste. J'ignore qui était ce trompettiste, mais son jeu était empreint d'une beauté mélancolique. J'ai retenu mon souffle afin de ne manquer aucune note.

MON PREMIER EXAMEN

Aujourd'hui je vais vous parler du jour où j'ai passé mon tout premier examen. Il y a soixante ans, il fallait en passer un pour entrer au collège. Même si à l'époque j'étais très à l'aise en maths – au point qu'on m'avait surnommé Dr Arithmétique –, j'ai bloqué sur la toute première question de l'épreuve. Impossible de résoudre l'équation. L'estomac noué, je me suis à nouveau penché dessus. Mais j'avais beau prendre l'exercice dans tous les sens, rien ne me venait. Voyant l'heure tourner, je me suis mis à suer à grosses gouttes. Comment un exercice de maths pouvait-il me résister ? Comment pouvais-je bloquer sur un problème aussi simple ? Les yeux noyés de larmes et de sueur, je n'arrivais même plus à distinguer les chiffres.

Alors, comment faudrait-il réagir en pareilles circonstances ? Bien sûr, le bon sens aurait voulu que je passe à la question suivante. Mais je suis resté entêté, m'obstinant à tenter de résoudre cette première équation. Pour finir, j'ai loupé l'intégralité de l'épreuve. Résultat : je n'ai pas pu passer au collège. Les enfants, ne soyez pas aussi bêtes que votre Grandpa.

NAISSANCE DE NOTRE HISTOIRE

On devait être en 1963. Un ami m'avait informé que le club littéraire de notre université allait organiser une exposition de poèmes accompagnés de dessins, en me proposant de m'occuper des illustrations. Une étudiante m'a confié son poème. C'était un texte court, intitulé « Pomme ». Du poème ou de la poétesse, je ne sais qui a conquis mon cœur en premier, mais en tout cas, mon dessin a semblé lui plaire. Le jour de la clôture de l'exposition, qui fut un succès, tous les participants se sont réunis à l'occasion d'une soirée pop-corn.

À votre avis, qui était cette jeune étudiante ?
Mais oui, les enfants, c'est ainsi que notre histoire a commencé.

ÇA M'A TOUT DE SUITE PLU

Nous sommes arrivés à São Paulo au cours de l'été 1981. Je repense à l'homme que j'étais à l'époque : j'avais quarante ans, je ne parlais pas un mot de portugais, et j'étais père de deux enfants – un garçon de dix ans et une fille de six. C'est dire si je devais être angoissé. Au point que j'aurais sans doute été incapable de l'exprimer. Mais, vous savez quoi ? Je n'en ai aucun souvenir.

En revanche, je me souviens très bien de la première fois, peu de temps après notre arrivée, où je suis allé faire un tour sur un des marchés se tenant chaque jour de la semaine dans un quartier différent. Ce qui a attiré mon attention, ce n'était pas tant les étals et leurs piles de produits intrigants, que la tenue des hommes qui étaient venus faire leurs courses alimentaires, tirant leur chariot derrière eux. Quelle ne fut pas ma stupéfaction en voyant ces clients aller d'un étal à l'autre vêtus de shorts si courts qu'ils avaient l'air d'être en slips de bain. Imaginez-vous ça ! Sans la moindre gêne, sans se soucier le moins du monde du regard des autres clients, ils avaient l'air parfaitement à leur aise. Ça m'a tout de suite plu.

DEUX SILHOUETTES FAMILIÈRES

Peu de temps après notre retour en Corée, je suis allé me promener à Jongno. J'ai eu beau arpenter le quartier, fouiller dans mes souvenirs, je n'ai rien reconnu. Et puis tout à coup, quelque part, j'ai entendu un son que mes oreilles connaissaient : le tintement d'une clochette. J'ai aussitôt su ce dont il s'agissait. Au milieu du trottoir, prise dans un tourbillon de flocons de neige, je pouvais distinguer, pendue à son trépied, une marmite de Noël de l'Armée du Salut ! Il y a quarante ans – voire cinquante –, pendant la période des fêtes de Noël, deux membres de l'Armée du Salut se tenaient au carrefour de l'avenue Euljiro, faisant tinter leur clochette.

Quel bonheur de les revoir. Seule la couleur de leur uniforme a changé ; le tintement de la clochette est toujours le même.

구세군

Parfois, me semble-t-il, il est préférable de prendre son temps.

Automne

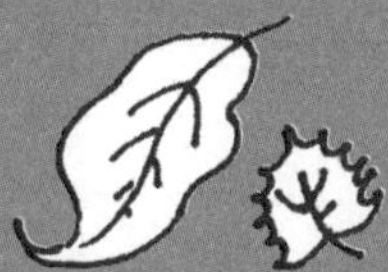

QU'EST-CE QUI L'INTRIGUE TANT ?

Qu'est-ce qui peut bien intriguer autant cet enfant ?
À mon tour de me montrer curieux.
Qu'est-il donc en train de regarder ?
Moi aussi j'ai envie d'aller y voir de plus près.

À CHACUN SON RYTHME

Le vent se rafraîchit et les nuages s'étirent.
C'est l'automne ici, à São Paulo, et pourtant de superbes fleurs ont éclos dans le jardin, alors même que certains arbres commencent à perdre leurs feuilles.
C'est à croire qu'arbres et fleurs suivent les uns et les autres leur propre rythme.

SANS TROP TARDER

Un matin, alors que nous étions en voiture, j'ai aperçu un homme
chargé de sacs attachés par des sangles à son dos et à sa ceinture…
À quoi pouvait-il bien penser, en marchant ainsi, tête penchée en avant ?
Pourra-t-il sans trop tarder poser tous ces sacs et se reposer ?

MON ADORABLE ASTRO !

Je suppose qu'à New York aussi l'automne bat son plein.
L'an dernier à cette période, lorsque nous sommes rentrés en Corée, nous avons passé deux semaines avec Astro. Chaque jour nous partions nous promener dans un parc différent des alentours. Des glands tombaient des chênes et le sol était recouvert d'un épais tapis de feuilles mortes, que nous nous plaisions à faire voler en l'air ou sur lesquelles nous nous allongions. Astro, parfaitement immobile, surveillait un écureuil dans un arbre, quand, me voyant ramasser des feuilles mortes pour les fourrer dans mon bonnet, il a retiré le sien pour faire de même. Mon adorable Astro !

Sur la photo que ta maman m'a envoyée hier, tu observes un chrysanthème. C'est drôle, hier je suis retourné voir mon ancienne école, et j'ai passé un long moment à regarder les asters violet pâle qui avaient poussé entre les pierres… Quelle coïncidence, non ? Malgré les milliers de kilomètres qui nous séparent, Astro et moi étions tous deux en train d'admirer la nature, entourés de fleurs sauvages automnales.

Lui comme moi observions des fleurs sauvages !

ICI, LÀ – PARTOUT

Coucou les enfants,

Est-ce que vous vous rappelez quand nous allions ensemble au marché à côté de la maison, tous les mardis ?

Même si vous êtes partis, il y a des choses qui nous font penser à vous, ici, là – partout.

3 Por
5.00

SELFIE

Grandpa, m'entendant marmonner « Ce n'est vraiment pas si facile de prendre un selfie ! », m'a demandé : « Un selfie ? Mais de quoi parles-tu ? » J'imagine que ton grand-père n'avait jamais entendu ce mot. Après lui avoir expliqué ce que c'était, je lui ai montré comment s'y prendre. « Incroyable ! s'est-il écrié, épaté. Je ne savais même pas que la caméra de mon téléphone me permettait de faire ça aussi simplement. » Et il s'est exclamé, tout en se mitraillant sous tous les angles : « Et alors, qu'est-ce qu'il y a de si compliqué ? »

Qu'en pensez-vous les enfants ? Comment trouvez-vous les selfies de Grandpa ?

Quelques instants plus tard, comme s'il avait eu une révélation, il s'est tourné vers moi et m'a dit : « Ça y est, j'ai pigé. Le problème, c'est que ce n'est pas quelqu'un qui est nul en selfies qui m'apprendra à me perfectionner. »

Les enfants, vous allez devoir nous aider.
Quand est arrivée la nouvelle année, Grandpa et moi nous sommes fixés un objectif : apprendre à faire des selfies d'une seule main. Une fois cette technique maîtrisée, plus rien ne pourra nous arrêter ! Nous en ferons quelques-uns sur lesquels nous avons l'air beaux et naturels, et nous vous les montrerons.

PAPIER BULLE

Au Brésil, la vente à distance n'est pas du tout aussi développée qu'en Corée. Ici c'est formidable ! Absolument tout peut être livré directement chez vous, des produits pour beaux-arts au riz, en passant par les kimchi, et même les meubles. Mais cela signifie aussi que nous sommes envahis par le papier bulle servant à l'emballage de tous les produits livrés. Le mot coréen pour papier bulle est très rigolo, je trouve : *bbok-bbok-i*. Étant donné son impact sur l'environnement, on ne devrait avoir recours à la livraison à domicile qu'en cas de nécessité absolue. Mais j'adore faire claquer le papier bulle. Grandpa me dit toujours de le jeter, mais je ne l'écoute pas.

Bbok ! Bbok ! Bbok ! Puu-uk !!! Une fois que j'ai commencé, je m'amuse tellement que je ne fais plus attention à ce qui se passe autour de moi. Pourtant, un jour j'ai surpris Grandpa en train de me dessiner en pleine action. Il pestait contre la transparence des bulles, si difficile à rendre selon lui. Il était sur le point de renoncer quand j'ai eu une idée géniale ! Pourquoi ne pas poser une feuille de papier bulle sur le dessin, et prendre le tout en photo ? On ajouterait aussi le bruit *bbok bbok bbok* avant de poster l'image !

Qu'en pensez-vous ? Mon idée n'était-elle pas pleine de créativité ?

TOBOGGAN-DINOSAURE

Astro aime les dinosaures depuis longtemps, et il s'est enfin trouvé un copain dinosaure ! Apparemment il a invité ses cousins à venir faire des glissades avec lui sur le dos du dinosaure. Mais comme Astro n'est jamais le dernier à faire des bêtises, il a manifestement décidé de glisser sur la pente la plus raide.
« Pas là ! De ce côté-ci ! » lui conseillent ses cousins.

Le dinosaure bleu, un brachiosaure doux et placide qui a visiblement envie de jouer avec ces petits humains, reste parfaitement immobile pour qu'ils puissent s'amuser en toute sécurité.
Waouh, comme ça doit être rigolo !

UNE FAMILLE GRENOUILLE
À DOS DE CROCODILE

C'était formidable de voir nos trois petits-fils sur le dos d'un dinosaure bleu. Mais que diriez-vous de grenouilles se déplaçant à dos de crocodile ? Sur une photo prise par Tanto Jensen à Jakarta en Indonésie, un crocodile transporte une famille de grenouilles ! Le crocodile patiente le temps que chacune des cinq grenouilles ait sauté sur son dos. Patiemment, il attend que toute la famille, qui inclut un bébé grenouille, se soit installée. Il mériterait de recevoir le prix du meilleur chauffeur.

DEUX FRÈRES

Nous avions souvent cette image des garçons, quand ils étaient en CM1 et CM2 à São Paulo et que Grandpa les accompagnait à l'école chaque matin : ils marchaient et discutaient tout proches l'un de l'autre – deux frères, qui ne font plus qu'un.

À les voir ainsi marcher côte à côte, l'expression « être frères » prend tout son sens. Les voir si proches nous rendait très heureux.

Même si Arthur n'a qu'un an et demi de plus qu'Allan, il l'aidait en tout. Avoir son grand frère à ses côtés devait sûrement donner à Allan un vrai sentiment de sécurité !

Arthur portait son cartable, et jouait parfois même aussi le rôle d'interprète entre son petit frère et Grandpa. « Allan dit qu'il veut aller aux W-C… Allan dit qu'il a soif. »

Et maintenant, vous vous adaptez si bien à la vie en Corée,
à ce nouvel environnement.
Vous pourrez toujours compter l'un sur l'autre. Bravo, bravo !

CHIENS SDF

Aujourd'hui je suis allée m'acheter un pull dans un grand magasin. Dès que j'ai vu la foule dans les rayons, je me suis souvenue des fêtes de fin d'année au Brésil.

On devait être en 1981. Au cours de notre premier mois de décembre à São Paulo, ça nous faisait vraiment bizarre d'entendre des chants de Noël dans les rues en plein été. C'était si différent des Noëls que nous connaissions. Mais quand je voyais tous ces sans-abri dans les parcs ou dans les rues, j'étais rassurée qu'il ne fasse pas froid. En m'approchant d'eux, je me suis aperçue que la plupart des SDF avaient un chien. Ils étaient même nombreux à en avoir plusieurs.

Vers dix-huit heures, ils faisaient la queue pour récupérer la nourriture que leur préparait un couple, puis ils allaient s'asseoir sur un banc pour partager leur repas avec leurs chiens. *Oh, bien sûr, ils font partie de la famille,* avais-je songé en assistant à la scène.

À votre avis, pourquoi les SDF ont-ils des chiens ? Pour se tenir chaud lors des nuits froides ? Pour lutter contre la solitude ? À moins qu'ils n'aient pitié de ces chiens, eux aussi dépourvus d'un toit ?

FAMILLES SÉPARÉES

Hier ont eu lieu d'émouvantes retrouvailles pour des familles devant vivre séparées entre Corée du Nord et du Sud. Elles ont pu être réunies pendant quelques heures, au mont Kumgang. Alors qu'elles étaient des milliers à s'être portées candidates, seules trois cents personnes sélectionnées ont eu le droit de voir leurs proches. Cette grand-mère au joli chapeau s'appelle Lee Geum-seom, et apparemment elle a quatre-vingt-douze ans. Il y a plus de cinquante-six ans, pendant la guerre, elle a été séparée de son mari et de son fils de quatre ans alors qu'elle fuyait vers le sud. Imaginez son émotion en revoyant ce fils abandonné il y a si longtemps, auquel elle rêve constamment, aujourd'hui devenu un vieil homme de soixante-dix ans. Qu'a pu ressentir cette mère quand enfin elle a tenu dans ses bras l'enfant qu'elle n'avait jamais oublié, et qui lui avait cruellement manqué toute sa vie durant ?

Séparés par la guerre, ils avaient vécu toute leur vie sans même savoir si leur plus proche famille avait ou non survécu. L'émotion m'étreint quand je songe aux épouses, aux maris, aux enfants et aux fratries, à tous ces êtres qui se souviennent de la toute dernière fois où ils ont vu leurs familles perdues à jamais, pourtant non loin d'eux.
Mes enfants, saviez-vous que la famille de Grandma fut l'une de ces « familles séparées », déchirées par la guerre ? En coréen, on désigne sous le terme de *isan gajok* ces familles, séparées durant la guerre de Corée, au début des années 1950, qui furent condamnées à vivre de part et d'autre de la frontière militarisée divisant la Corée entre

Nord et Sud. Encore aujourd'hui, il est quasiment impossible pour ces familles de se réunir. Et même pour celles qui ont cette chance, ces retrouvailles leur laisseront un goût amer, car elles ne seront suivies d'aucunes autres. En regardant les informations à la télévision, j'ai pleuré à chaudes larmes.

ALLONS PLANTER DES PÉPINS DE POMME

La semaine dernière Astro est allé cueillir des pommes avec son ami Harin dans un verger du New Jersey, où le soleil d'automne mûrit les fruits. Ses parents nous ont envoyé une photo d'Astro en pleine cueillette. Je suis jalouse, Astro. Étant née et ayant grandi à Séoul, je n'ai jamais vu un tel verger. Apparemment, Astro a également pu voir les poules, lamas, cochons et chèvres de la ferme.

Regardez ces belles grappes de pommes sur les branches. On dirait qu'elles n'attendaient que toi. Elles descendent exactement à ta hauteur, Astro, et à voir ton panier rempli de belles pommes, tu m'as l'air de faire du bon travail. Vu que tu as dû te hisser sur la pointe des pieds pour attraper celle qu'on voit sur la photo, c'était sûrement l'une des plus délicieuses. Ha, ha, maintenant je sûre que tu vas nous suggérer de planter des pépins de pomme. Nous les planterons ensemble, Astro.

PIES

Voilà maintenant tout juste un an que nous sommes rentrés de Corée, et pourtant j'ai l'impression que nos adieux à l'aéroport de São Paulo-Guarulhos ne datent que de quelques jours à peine. Tout aussi récente me paraît la semaine que nous avons passée à New York à jouer avec Astro. De même que nos émouvantes retrouvailles avec Arthur et Allan, venus nous accueillir à l'aéroport d'Incheon. Quel bonheur ce fut de pouvoir à nouveau marcher dans les rues jonchées de feuilles d'automne multicolores. Et, chaque jour depuis notre retour en Corée, les pies qui jacassent nous comblent de joie.

Ce matin en ouvrant la fenêtre, j'ai entendu le pépiement joyeux d'un oiseau puis aperçu, juste en face de moi à hauteur d'yeux, une pie perchée sur un grand arbre aux couleurs changeantes. Je ne sais pas si elle cherchait sa famille ou si elle attendait ses amis, mais comme elle est restée parfaitement immobile un bon moment, j'ai eu tout le loisir de l'observer. Suivant son regard, j'ai regardé dans la même direction qu'elle. S'est alors offerte à ma vue la beauté des arbres aux feuilles rougeoyantes, dont les teintes changeaient de minute en minute. Et, pour la première fois depuis bien longtemps, j'ai pu admirer un ciel bleu sans le moindre nuage.

Après l'avoir observée quelque temps, l'idée m'a traversé l'esprit que la pie, peut-être, s'inquiétait de l'arrivée imminente de l'hiver.

BTS

BTS, également appelés les Bangtan Boys. Même leur nom est astucieux. Les sept jeunes chanteurs de ce groupe coréen sont aujourd'hui adulés dans le monde entier tant pour leurs chansons que pour leurs chorégraphies. Quand je vois les images de jeunes Américains patientant des journées et des nuits entières dans la rue pour acheter des billets pour le concert de leurs idoles, je repense aux Beatles dans les années 1960. Mais ce qui les différencie, c'est leur fan-club, « the Army », qui est censé les protéger grâce à leur amour inconditionnel. Avec l'aide de ses petits-fils, Grandpa essaie en ce moment d'apprendre la chorégraphie « DNA » des Bangtan Boys. Je m'attends au pire. Arthur, tu lui avais pourtant dit : « Ne va pas trop vite ; fais comme moi, c'est tout. »

TOURNESOL

Les tournesols me rappellent toujours notre arrivée au Brésil. Par une nuit d'insomnie, peu après notre installation, je zappais sans fin d'une chaîne à l'autre sans avoir les moindres rudiments de portugais quand, au bout de quelque temps, je suis tombée sur des visages familiers : Sophia Loren et Marcello Mastroianni, les acteurs italiens.

Avec le sentiment d'avoir retrouvé de vieux amis, j'ai commencé à regarder le film. À la fois triste et magnifique, ce classique du célèbre réalisateur Vittorio De Sica n'avait jamais été diffusé en Corée, et m'était donc totalement inconnu. Sans saisir un traître mot des dialogues ou des sous-titres, j'ai pleuré à chaudes larmes du début à la fin. Le film avait pour titre *Les Fleurs du soleil*, et j'ai compris bien plus tard que la raison de sa censure en Corée venait de ce que le tournesol est la fleur nationale de la Russie et que le film avait été en partie tourné là-bas. Je n'oublierai jamais ce chef-d'œuvre. Si j'ai tant pleuré cette nuit-là, c'est peut-être que les sanglots de l'héroïne, pleurant son amour perdu, avaient ravivé mon sentiment de solitude, un sentiment que connaissent tous les immigrants.

VOUS ME MANQUEZ TANT

Arthur, tu es né l'année du singe, n'est-ce pas ? Quand je pense que tu as dix ans maintenant... Voilà déjà un an que vous avez quitté le Brésil. C'est quand même incroyable que nous puissions nous parler quasiment tous les jours par visio. Nous vivons vraiment dans un monde étonnant. Pour toi, rien de plus banal que ces appels vidéo, mais pour ton Grandpa, c'est vraiment une bénédiction.

J'imagine le choc que tu as dû ressentir en arrivant dans un endroit parfaitement inconnu. La Corée doit te sembler bien différente du Brésil. En Corée, les gens sont toujours pressés ; tu auras donc du mal à garder un rythme décontracté là-bas. Essaie tout de même de ne pas céder à la frénésie locale, et prends le temps de regarder autour de toi au lieu de foncer droit devant.

Je suis content d'apprendre que tu t'es mis au base-ball ; tu n'avais jamais eu l'occasion de pratiquer ce sport au Brésil. C'est bien que tu prennes tes repas à la cantine de l'école avec tes camarades, et que tu participes aux sorties scolaires au musée et à l'observatoire. Mais surtout, je suis content que l'école soit située en face de chez vous ; vous pourrez ainsi y aller tout seuls avec ton petit frère, sans avoir besoin d'être accompagnés.
Ces derniers temps, Grandpa repense beaucoup à ces cinq années durant lesquelles il faisait les allers et retours à l'école pour vous deux. Saviez-vous que chaque fois que vous étiez pris de fous rires à l'arrière de la voiture, je riais moi aussi en tenant le volant ? Ces moments me manquent tellement.

Ici, c'est le matin, et je m'apprête à aller au parc pour faire un peu d'exercice. Vous êtes sûrement encore au lit. Peut-être nous retrouverons-nous au pays des rêves. Dormez bien, et faites de beaux rêves…

ÉPIS DE MAÏS FUMANTS

Qui n'aime pas le maïs bouilli ?
Au Brésil, quelle que soit la saison, on est très friand des épis de maïs proposés par des vendeurs de rue. Aujourd'hui, alors que je marchais d'un pas pressé pour me rendre chez un ami, j'ai senti la bonne odeur familière du maïs bouilli. Le temps se rafraîchissant, je me suis dit : *Ah ! Quelle bonne idée !* et, en me retournant, j'ai aperçu des vendeurs de maïs alignés les uns à côté des autres derrière leur étal ambulant. J'ai choisi celui d'un vieil homme, dont le visage s'est éclairé à mon approche.

« Je vais vous en prendre trois, s'il vous plaît. Bien tendres, avec juste une pointe de sel et un soupçon de margarine. »

Après avoir sélectionné un épi prometteur, le vieil homme l'a déposé sur une longue feuille de maïs avant d'y ajouter sel et margarine avec beaucoup d'application. Appréciant la qualité de son travail, j'avais choisi de lui en commander un de plus, alors que je n'en avais besoin que de deux. Et là, je l'ai vu qui s'apprêtait à m'en préparer un quatrième !

Quand je lui ai dit : « Oh non, ça ira. J'en ai déjà bien assez de trois », le vieil homme m'a gratifiée d'un grand sourire en précisant : « Celui-ci est un cadeau de la maison. »

En dégustant le maïs encore chaud et fumant avec mon ami, je me suis dit qu'il était encore plus délicieux quand on le partageait avec quelqu'un.

GUÉPARD

Tous les enfants aiment les animaux, n'est-ce pas ?
En vérité, je ne suis pas une spécialiste des animaux.
J'ai regardé dans un livre pour savoir, parmi les animaux
que nous avons au Brésil, ceux qu'on ne trouve pas en Corée.
Au Brésil il y a des léopards et des guépards, mais pas en Corée.
Au fait, quelle est la différence entre les deux, déjà ?

Alors, Grandpa me dessine un guépard.
Je regarde par-dessus son épaule tandis qu'il peint l'animal
en lui donnant une parure flamboyante.
Le guépard, en pleine course, exhibe toute sa puissance racée.
J'entends d'ici son souffle saccadé.

TROIS BÉBÉS

Trois bébés, étendus l'un à côté de l'autre, communiquent avec leurs mains et avec leurs pieds : Bernardo, Olivia et Christian.

Leurs grands-parents ont tous émigré au Brésil dans les années 1970, et ils ont eu leurs fils à peu près au même moment. Leurs enfants se sont également mariés à peu près au même moment, et ils ont eu leurs propres enfants à un mois d'intervalle. Des petits Brésiliens coréens de troisième génération. Avec leurs jolies frimousses rondes, on voit tout de suite qu'ils sont coréens, non ? Regardez-les qui gigotent, incapables de rester tranquilles ne serait-ce qu'un instant. Je devine leur hâte d'explorer leurs deux pays. Non, c'est le monde tout entier qu'ils rêvent d'explorer.

THOMAS ET SES AMIS

Dès l'instant où j'ai vu le joli train touristique de Paranapiacaba, j'ai pensé à toi, Allan. Allan, tu as toujours aimé tout ce qui roule. Petit, tu t'allongeais à plat ventre pour voir de plus près les roues de tes jouets, quand ils en avaient. Et tu faisais avancer tes petites voitures très lentement, en observant attentivement la façon dont les roues tournaient. Mais ton jouet préféré était, de loin, l'ensemble « Thomas et ses amis » que ton oncle t'avait envoyé. Chaque fois que tu me récitais un à un les noms de tous les amis de Thomas, je faisais de mon mieux pour les mémoriser, mais je n'y suis jamais parvenue

LE VIEIL HOMME À L'ACCORDÉON

En passant près de la station de métro Tiradentes, j'ai entendu une mélodie feutrée. Je ne connaissais pas du tout ce son. Un vieil homme jouait de l'accordéon, mais sa musique était à peine audible. À tel point que, sans les mouvements de ses doigts et de ses mains, je n'aurais su dire avec certitude si les notes provenaient de son instrument. Peut-être que cet homme était en fait une statue, présente ici depuis des années. L'accordéon, de dimensions réduites, semblait très léger. Sa couleur aussi était étonnante. Mais il n'y avait pas que l'instrument qui était unique.

Le bandana que portait le vieil homme, sa longue barbe blanche ainsi que la couleur de ses vêtements, étaient tout aussi singuliers et donnaient l'impression qu'il venait d'arriver d'un pays lointain. Les paquets empilés à côté de lui étaient également insolites. Alors que la plupart des gens passaient devant lui, indifférents, j'ai choisi de m'asseoir sur un banc à proximité, pour l'observer.

La première chose que j'ai repérée, c'était que toutes ses affaires étaient en papier ! L'accordéon, son bandana, son écharpe, tout. Son petit instrument de papier, conçu pour produire des mélodies, émettait des sons quand il appuyait à certains endroits. En regardant les paquets entassés près de lui, je devinais comment il passait ses journées. Si l'écrivain brésilien José Mauro de Vasconcelos l'avait vu, je suis sûre qu'il se serait inspiré de l'histoire de ce vieil homme pour écrire la suite de *Mon bel oranger.*

LACITANI

DANS LES BRAS DE MORPHÉE

Cet homme devait vraiment être épuisé, car il ne s'est pas du tout aperçu que je m'approchais de lui et a continué de dormir. On dirait un ramasseur de vieux papiers, vous ne trouvez pas ? Je ne le connaissais pas, je l'ai juste aperçu au cours d'une promenade. Le voir ainsi endormi dans son propre espace de vie avait quelque chose d'assez apaisant…

Bercé par sa musique, il a dû doucement s'assoupir et tomber dans les bras de Morphée. J'ai ralenti le pas en passant à côté de lui, m'efforçant de ne pas faire de bruit.

TCHAO, LE BRÉSIL !

Nous sommes passés par là en voiture tous les matins pendant trente-six ans. Emprunter le tunnel d'Anhangabaú était pour nous le seul moyen d'accéder au quartier de Bom Retiro, où nous travaillions. Visible de très loin depuis la grande avenue, l'immense drapeau brésilien qui flottait au vent était toujours ce que nous voyions en premier. Comment oublier cette image ? On aurait dit que ce drapeau était là pour nous souhaiter bon courage, toujours fidèle au poste, qu'il pleuve ou qu'il vente. Et aujourd'hui, alors que nous nous apprêtons à quitter le pays, je suis certaine qu'il nous portera chance.

Oh, Brésil, que nous te sommes reconnaissants, à toi qui nous as accueillis à bras grands ouverts. Mais le temps est venu pour nous de te dire adieu.

Adieu !
Oh, flamboyant Brésil au ciel d'azur, adieu !
Une dernière chose avant de partir :
Vive le Brésil !

OBRIGADO
BRASIL

Grandpa se remémorant ses parents

EN SOUVENIR DE MON PÈRE

En janvier 1951, pendant la guerre de Corée, ma famille
a dû fuir Séoul au cœur de l'hiver pour échapper aux affrontements.
Après avoir marché une journée entière sans échanger un mot,
nous avons cherché où nous arrêter à la tombée de la nuit pour dormir.
Mais comme il n'y avait aucun endroit qui puisse nous accueillir,
nous autres réfugiés, nous nous sommes installés dans un champ
couvert de neige. Mon père m'a étendu sur lui pour m'éviter d'avoir
à dormir sur le sol gelé. Quand cette nuit me revient en mémoire
de temps à autre, je ne peux m'empêcher de marmonner :
« Tu devais être tellement fatigué, père, et avoir si froid. Comment
ne l'ai-je pas compris sur le moment ? J'avais huit ans. J'aurais dû m'en
rendre compte ! Pourquoi cette nuit est-elle si profondément gravée
dans ma mémoire ? »

CE QUE MOURIR VEUT DIRE

Les enfants, savez-vous ce qu'est la mort ? Je devais avoir quatre ou cinq ans quand j'en ai entendu parler pour la première fois. Un jour, mes parents m'ont dit, tout simplement : « Les gens meurent. »

« Vous aussi, vous allez mourir ? » Quand je les ai entendus me répondre par l'affirmative, cela m'a tellement paniqué que j'ai éclaté en sanglots. Encore aujourd'hui, à soixante-dix ans passés, j'ai un souvenir très vif du torrent de larmes que j'ai versées ce jour-là.
Était-ce parce que j'avais compris ce que mourir voulait dire que j'avais tant pleuré ?
J'étais alors si jeune, pourquoi cela me rendait-il si triste ?

MON PÈRE FABRIQUAIT DES CHAUSSURES DE FOOT

J'ai tenté de peindre mon père. Votre arrière-grand-père jouait déjà au football quand votre Grandpa est né. Même quand il a arrêté de jouer, il a continué en tant qu'entraîneur ou dirigeant de club. Aussi peut-on dire qu'il fut une figure historique du football coréen.
Comme il était également connu pour la qualité des chaussures à crampons qu'il confectionnait, il recevait énormément de commandes groupées. Les gens le surnommaient « le vieux à la pipe », car même quand il frappait de son marteau les chaussures qui allaient parfaitement aux pieds des joueurs, il gardait sa pipe au bec. Quand j'étais au collège, mon père avait beau travailler sans relâche à la confection de ces chaussures, notre famille demeurait très pauvre. À l'époque, les footballeurs aussi étaient pauvres ; lorsqu'ils se faisaient faire des chaussures, ils étaient ensuite incapables de les payer. Si mon père apercevait un de ces joueurs dans la rue, il changeait de trottoir pour ne pas le croiser et ainsi éviter de le mettre dans l'embarras. Nous étions tous si pauvres dans les années 1950 !

MAMAN

Un jour que je revenais du lycée, il y a de cela plus de cinquante ans, j'ai, comme à mon habitude, ouvert la porte du séjour pour saluer ma mère. Mais maman était alitée, entourée de toutes les tantines du quartier. Je me suis tout de suite inquiété, car ma mère n'était pas du genre à s'allonger en journée. Pourtant, je me suis juste dit : *Oh, maman est malade ! Elle doit vraiment être très malade*, et j'ai refermé la porte sans dire un mot.

Des années plus tard, maman a rapporté cette scène à sa belle-fille. Bien que me sachant peu bavard, lui a-t-elle dit, mon comportement l'avait tout de même beaucoup déçue, et même attristée. « Rends-toi compte, Chan Jae m'a à peine regardée, et puis il a refermé la porte. »
Je ne suis toujours guère doué pour exprimer mes émotions, mais je m'améliore, grâce à mes petits-enfants.

« Tu t'es fait mal ? As-tu besoin de médicaments ? Ça va aller, tu te sentiras mieux quand Grandpa t'aura pris dans ses bras. »

Quand je me remémore cette journée, je sens mon cœur battre à tout rompre. Si seulement il m'était encore possible de lui demander pardon, quand bien même ce serait trop tard.

LES ÉTRENNES

Je me souviens encore aujourd'hui de ce Nouvel An lunaire particulier où j'avais reçu des étrennes. Chaque fois que je recevais de l'argent de poche, je m'inclinais respectueusement puis, fou de joie, je rangeais mon pécule dans une jolie pochette. Le lendemain matin, dès que j'avais ouvert les yeux, je m'étais empressé de chercher ma pochette, enfouie sous mon oreiller. Si elle était toujours à sa place, elle m'avait cependant semblé anormalement plate. Me dépêchant de l'ouvrir, j'avais découvert qu'elle était complètement vide. Le choc que j'avais alors ressenti, me semble-t-il, était comparable à de la peur. J'étais allé trouver ma mère, qui n'avait pas paru le moins du monde surprise. Elle m'avait simplement dit, avec le plus grand calme : « Je vais m'occuper de tes étrennes. J'en ferai bon usage, et je te les rendrai quand tu seras grand. »

Je n'avais pas eu le cran de protester et, bizarrement, je n'avais pas pleuré non plus. Pourquoi ? D'une manière ou d'une autre, je devais bien avoir compris que je ne reverrais jamais cet argent. J'étais jeune mais je savais que maman n'avait d'autre choix que de le prendre. Et pourtant, je n'avais pas pleuré. J'aurais au moins pu pleurer.

Notre famille était pauvre. Si pauvre que j'en avais conscience malgré mon jeune âge. Sachant que pleurer ne servirait à rien, je n'avais d'autre choix que de me retenir. Vous savez ce que ça fait d'être pauvre, les enfants ? Je n'oublierai jamais ce que j'ai ressenti en palpant cette pochette ce matin-là. Une pochette toute plate, entièrement vide. Ma jolie pochette, sans rien dedans.

Et là, tout à coup, vous nous manquez.

Hiver

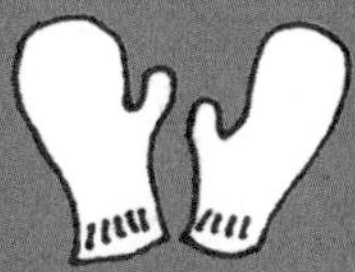

OBSERVEZ CET ENFANT

Regardez dans quelle position se trouve cet enfant.
Est-ce qu'il dort ? vous demanderez-vous.
Oui. Il dort.
À mon avis, à force de courir dans tous les sens,
il a fini par se fatiguer et par être stoppé net dans son élan.
Regardez-le, on ne voit que son petit popotin.
Voyez-vous comme il est tombé d'épuisement à force de faire le fou ?
Il a les bras repliés sous le poids de son corps.

L'enfant, épuisé, fait une petite sieste à même le sol.
Après avoir dormi un peu, il se réveillera et criera : « Mama-an ! »

LE CŒUR D'UNE MÈRE

Dans la salle d'attente du cabinet médical, une jeune mère patiente avec son bébé installé dans une poussette. Elle couve son enfant du regard en lui parlant d'une voix douce. Le bébé, parfaitement immobile, ne quitte pas sa mère des yeux. Ils ont tous les deux l'air malades, et voir la maman regarder son enfant souffrant me fend le cœur.

Je me souviens de ce jour où, tenant mon propre bébé contre ma poitrine, je l'avais senti brûlant de fièvre. Je m'étais alors précipitée chez notre généraliste. Le vent soufflait en rafales et une neige abondante commençait à recouvrir le sol. Je me souviendrai toujours de la terreur qui m'a saisie quand le médecin m'a annoncé que je devais emmener mon enfant à l'hôpital. On était en 1973. Mon fils est lui-même papa aujourd'hui, mais je ne lui ai jamais raconté cet épisode. C'est pourtant vrai, mon fils : ce jour-là, ta pauvre mère a bien failli mourir d'angoisse pour toi.

C'est à mon tour d'être reçue par le médecin, qui me renouvelle mon traitement pour l'hypertension. En sortant du cabinet, je jette à nouveau un coup d'œil à la mère et son bébé. Le bébé est radieux.
Sa mère aussi. Ils échangent des sourires. Alors, je peux sortir du cabinet en souriant, moi aussi.

On est en plein hiver, par un matin glacé.

PÈRE NOËL

Hé, Astro, tu as passé un bon Noël ?
Veux-tu bien me dire ce que tu penses de ce fringant père Noël
qui file à toute allure sur ses skis ?
Au départ je l'avais plutôt imaginé sur un traîneau, mais je suppose que les choses sont bien différentes aujourd'hui. Les enfants sages sont sûrement beaucoup plus nombreux qu'avant. Alors, le père Noël doit préparer davantage de cadeaux, et pour pouvoir les livrer en temps et en heure dans la nuit du 24 décembre, il est probablement obligé de faire appel à de jeunes assistants adeptes du ski. Hé, Astro, tu n'as ni pleuré, ni fait la tête, j'en déduis donc que tu as reçu des tonnes de cadeaux. Je vais maintenant poser la même question à Arthur et à Allan.

LE CHANT DE LA PIE

Quand nous sommes rentrés en Corée, quelque chose m'a vraiment fait prendre conscience que j'étais de retour à la maison. Lors de notre premier jour ici, j'ai entendu un son familier qui provenait de la forêt entourant notre résidence. Le chant d'une pie. Voilà trente-six ans que je ne l'avais pas entendu, et il était toujours exactement comme dans mon souvenir.

Sur cette image, les pies sont perchées sur un kaki. Tout en appelant leurs amies, elles picorent activement les fruits. Autrefois, les villageois ne ramassaient pas tous les fruits des kakis. Ils en laissaient pour les pies qui, sans cela, n'auraient pas eu assez à manger durant les hivers rigoureux. Jadis considérées comme amies, les pies sont apparemment devenues les bêtes noires des producteurs de fruits. Pourquoi se sont-elles mises à dévorer les fruits des vergers ?
Dans le temps, elles ne faisaient jamais ça.
Je suppose qu'il y a moins d'arbres sauvages de nos jours.

LA RÉVÉRENCE DU JOUR DE L'AN

Astro, qui n'a pas encore deux ans, s'est incliné respectueusement devant Grandma et Grandpa le Premier de l'an. Il portait même un vrai *hanbok*. Sa mère avait dû lui apprendre à faire la révérence du Jour de l'An.
« Incline-toi devant tes grands-parents, Astro ! Tu en es capable. »
Sous les encouragements de son papa et de sa maman, mains et genoux à terre, Astro se prosterne devant nous. Ce faisant, comme s'il n'était pas sûr de bien s'y prendre, il tourne légèrement la tête vers sa mère. *C'est bien comme ça que je dois faire, hein ?* a-t-il l'air de lui demander.

Je me sens si fière de lui que j'en perds mes moyens. L'an prochain, il aura suffisamment d'assurance pour se prosterner sans l'aide de quiconque, et d'ici là je pense qu'il aura appris à dire : *Saehae bok mani badeuseyoi !* pour nous souhaiter une bonne année. Alors, nous lui répondrons : « Cher Astro, nous aussi t'adressons nos meilleurs vœux ! Au fait, il ne faut pas qu'on oublie de te donner tes étrennes ! »

GRANDPA DORT

Hé, les enfants, plus j'y pense, et plus je trouve que la vie nous réserve bien des surprises. Vous devez vous demander de quoi je parle. Eh bien, vous n'ignorez pas que Grandpa et moi sommes très différents. Du coup, je m'étonne vraiment que nous nous entendions si bien depuis plus de cinquante ans. Votre Grandpa adore passer du temps avec ses amis, mais ce n'est jamais lui qui décroche son téléphone pour leur proposer de se voir. À la différence de votre grand-père, je fais ça très bien. C'est toujours moi qui organise des excursions en bord de mer en été, des virées à la campagne en automne, ou des retrouvailles entre amis ou avec la famille. Contrairement à moi, votre Grandpa n'a pas le moindre intérêt pour les plantes ; et c'est un lève-tôt, alors que moi je me couche toujours très tard.

Mais je ne sais pas si c'est parce qu'on est en hiver, ou bien parce que mes grasses matinées sont contagieuses, mais de plus en plus souvent dernièrement, Grandpa arrive à dormir jusqu'à au moins huit heures du matin. Un jour, après s'être réveillé assez tard, il m'a dit sur un ton émerveillé : « C'était donc ça ton secret ! »

DES AMIS QUI VIEILLISSENT

Pour votre Grandpa comme pour moi, c'est toujours une vraie joie de voir des amis et de parler de choses et d'autres. Hier, Grandpa a retrouvé ses anciens camarades de fac. Ils vont tous sur leurs quatre-vingts ans aujourd'hui. Apparemment, l'un d'eux commence un peu à perdre la tête. Même s'ils se retrouvent toujours au même endroit, et bien que l'organisateur du groupe lui téléphone toujours la veille pour lui rappeler que le rendez-vous a lieu à la station de métro Yeongdeungpo District Office, neuf fois sur dix il se rend à la station Yeongdeungpo.

Apparemment, à l'issue de leur rencontre d'hier, cet ami, accompagné d'un deuxième, a suivi Grandpa et lui a lancé : « Hé, Chan Jae ! Allons prendre un dernier verre à Incheon ! » À la grande époque, il n'aurait pas hésité une seule seconde, mais aujourd'hui il se doit de boire avec modération. Cela dit, pour Grandpa il était inenvisageable de refuser cette invitation. Alors, une fois qu'ils furent arrivés à la station de métro, il s'est caché derrière un pilier ! Tandis qu'il observait ses amis à distance, qui le cherchaient sans succès, il a été pris d'une grande tristesse.

« Disparu le jeune professeur de physique qui se passionnait autrefois pour Einstein, sur lequel il était intarissable… Aujourd'hui, mes amis sont tous devenus des vieillards voûtés. En les regardant, j'ai soudain réalisé que je devais avoir la même allure. »

En entendant votre Grandpa se lamenter sur son sort, je me suis moi aussi sentie bien triste.

SOURCILS

Ce matin, j'ai entendu votre Grandpa marmonner : « Je ne savais pas vraiment à quoi m'attendre en vieillissant. J'ai préféré vivre au jour le jour sans trop me poser de question. Mais ces derniers temps, j'ai commencé à remarquer des changements au niveau de mon corps. »

Sa première découverte : ses sourcils ! Maintenant que ses cheveux ont blanchi, ils sont beaucoup plus doux. Mais ses sourcils, qu'il a de plus en plus longs et de plus en plus épais, poussent en épis aussi durs que des fils de fer. « J'ai l'impression que tout ce que je mange contribue à la croissance de mes sourcils », bougonne Grandpa en essayant de se les tailler lui-même, devant le miroir, avant d'abandonner et de me demander de prendre le relais.

J'ai donc fini par le faire à sa place, mais j'avais beau porter mes lunettes, je n'y voyais pas très bien, et je me suis fait gronder parce que mes gestes n'étaient pas assez précis.

Ces derniers matins, notre petit numéro de vieux couple est des plus rigolos.

REGARDEZ PAR LÀ-BAS !

Je vous ai déjà parlé d'Atibaia, non ? C'est cet endroit formidable pour aller faire de l'escalade, dans les environs de São Paulo. J'ai remarqué quelque chose d'amusant sur une photo que m'a envoyée un ami aujourd'hui. Sur le cliché, tout le monde pointe le doigt dans la même direction. Qu'ont-ils repéré ? Qu'est-ce qui a bien pu attirer leur attention ?

KO, KO, KO

Astro apprend le coréen avec Grandpa.
« Comment dit-on nez, Astro ?
— *Ko !*
— Et la bouche ?
— *Ip !*
— Et les oreilles ?
— *Gwi !*
— Et le front ?
— *Ima !* »
C'est maintenant Astro qui mène la danse.
« *Ko, ko, ko… ip !* »
« *Ko, ko, ko… gwi !* »
« *Ko, ko, ko… ima !* »
Joignant le geste à la parole, il n'arrête pas de toucher le nez de Grandpa puis s'empresse de porter la main à son oreille en criant : « Bouche ! »
Si Grandpa l'imite et touche son oreille, alors il a perdu.
C'est sa bouche qu'il devait pointer du doigt. Ce jeu permettant l'apprentissage du vocabulaire se transmet de génération en génération !

CERISIERS EN FLEUR, DE NUIT

L'hiver fut long et rigoureux. Signe qu'il pourrait bien toucher à sa fin, les fleurs de cerisier éclosent en silence. Elles s'ouvrent toutes en même temps, comme pour compenser le fait qu'elles auront bien trop vite disparu. Sachant que nous devrons bientôt leur faire nos adieux, nous illuminons les arbres et veillons toute la nuit en déambulant sous les branches fleuries.

LA PHOTO DE CÉRÉMONIE DE REMISE DE DIPLÔME DE GRANDMA

L'anecdote que je vais maintenant vous raconter date de l'époque où Grandpa faisait son service militaire dans une unité de tir de missiles à Busan. Je lui avais envoyé ma photo de cérémonie de remise de diplôme, où l'on me voit coiffée de ma toque universitaire. Après l'avoir dissimulée dans la doublure intérieure de son képi, Grandpa la regardait en cachette dès qu'il le pouvait. Je me souviens d'une lettre où il me confiait qu'en dépit de la difficulté des entraînements et de l'injustice de certaines sanctions, cette photo le réconfortait toujours et lui redonnait courage. Mais voilà, un jour, la photo a disparu de son képi ! Il a cru devenir fou. Imaginez le désespoir qui a dû être le sien ! L'idée qu'un autre soldat ait pu poser ses yeux sur mon joli minois le rendait malade. Eh bien, cette photo, la voici ! Regardez votre Grandma, fraîchement diplômée, en février 1965.
N'y ai-je pas l'air d'être l'intelligence et l'innocence incarnées ?

LE PLUS MIGNON DES GARDES ROYAUX

Un minuscule garde royal est posté à côté de l'officier en faction chargé de la protection de la famille royale. Ne sont-ils pas mignons, tous les deux ?

Pour ses quatre ans, le garçonnet ayant souhaité se rendre au château de Windsor pour saluer la reine, sa mère lui avait fait revêtir une tenue de déguisement de garde royal, toute rouge. Ce jour-là, l'enfant et sa mère étaient parfaitement au diapason. La reine, également grand-mère, qui reçoit tant d'amour de la part de ses sujets, a certainement remarqué ce petit garçon qui la saluait avec tant de ferveur. Quel bonheur d'assister à cette scène !

IL N'EST JAMAIS SIMPLE DE RELEVER UN DÉFI

Un jour, Allan a demandé à Grandpa de lui montrer comment dessiner sur l'iPad. Alors, j'ai écouté leur échange en cachette, curieuse de voir ce qui allait se produire. « Ah bon ? Tu veux que je t'apprenne ? »

J'étais inquiète. En fait, je savais que Grandpa n'avait pas allumé l'iPad depuis des lustres. Qu'allait-il se passer s'il n'arrivait plus à s'en servir et finissait par s'énerver ?

Heureusement, Grandpa a réussi à tout t'expliquer
sans la moindre hésitation.
C'est même toi, Allan, qui as dû t'accrocher pour suivre ses explications.
À dire vrai, il devient plus difficile de relever de nouveaux défis
en vieillissant. On ne retient plus rien.
Quand le jour viendra où Grandpa aura la mémoire qui flanche,
alors c'est toi qui lui sauveras la mise et qui l'aideras !

UNE VIE DE CHAT ERRANT

Dans un vieux quartier désert et décrépit, un chat est assis. Le quartier est sur le point d'être réhabilité. Les vieux bâtiments étant devenus dangereux, ils vont être détruits et leurs anciens occupants ont déjà dû quitter les lieux. Désormais, plus personne n'est là pour nourrir le chat. Il n'y a même plus de poubelles, et donc plus de souris non plus… Il ne reste que des chats solitaires et faméliques. Cela me fait chaud au cœur de voir que des gens viennent ici pour nourrir les chats errants qui hurlent de faim quand il fait froid.

Me revient en mémoire un vieil adage : « Contrairement aux chiens, les chats ne suivent pas leurs maîtres ; ils restent à l'endroit où ils ont toujours vécu. » Est-ce ma défunte mère qui me l'avait appris ? Sûrement.

UNE QUESTION DE POINT DE VUE

« Regarde ! Elles sont toutes pareilles. »

Astro, deux ans, désigne du doigt une série de peintures accrochées au mur. Tu voulais sûrement dire ceci : « Pourquoi y a-t-il autant de motifs identiques ? »
Pourquoi peindre la même chose autant de fois ? C'est vraiment bizarre, te disais-tu. De nombreux adultes ont probablement les mêmes interrogations, sans les formuler. Astro, lui, ne se prive pas de dire ce qu'il pense.

Nous avons hâte d'entendre ce que tu diras quand tu auras cinq ans. Et que nous diras-tu quand tu en auras quinze ?

SOUP
SOUP
SOUP
ONION
SOUP
SOUP
SOUP
SOUP
SOUP
SOUP
SOUP
SOUP
SOUP
SOUP
SOUP
SOUP

TCHOU ! TCHOU !

L'enfant joue au petit train aujourd'hui. « Tchou ! Tchou ! Tut ! Tut ! » Apparemment il vient d'avoir une idée formidable. Le voilà qui s'est mis en tête d'assembler un train à partir de ses dinosaures en figurines. Pensez-vous qu'il ait eu cette idée parce qu'il en possède toute une collection ?

« Ça a l'air rigolo ! dit Grandpa. Moi aussi je veux jouer au petit train ! Je vais t'en faire un spécial, tu vas voir, Astro. »
Et Grandpa d'assembler un train en utilisant les chaussures d'Astro. Le train de chaussures n'en finit pas de s'allonger. Une chaussure rouge, une chaussure verte, une chaussure jaune… Le joli train de chaussures est maintenant prêt à partir. Quelle en sera la destination ?

Astro est toujours en train d'assembler le sien. Lui aussi n'en finit pas de s'allonger. Et il lui reste encore quelques figurines de tyrannosaures.

OÙ LES OISEAUX DORMENT-ILS ?

La nuit, où dorment tous les oiseaux de notre quartier ?
Pourquoi les enfants ne se posent-ils jamais la question ?
Serait-ce qu'ils connaissent déjà la réponse ?
La résidence où nous vivons compte autant d'arbres que de logements.
Le soir, quand on regarde par la fenêtre de notre appartement, on ne distingue rien d'autre qu'une forêt sombre.
Cela me rappelle un vers d'un poème ancien : « Les oiseaux quittent l'arbre au point du jour, et à la tombée de la nuit
ils s'y rassemblent à nouveau. »
Ne l'ayant jamais vu de mes propres yeux, je ne saurais le certifier,
mais je pense que les oiseaux dorment dans les arbres.
Je les imagine nichés dans leur petite forêt sous un ciel constellé d'étoiles brillantes, s'endormant après s'être raconté leur journée.
J'espère qu'ils dorment d'un sommeil paisible dans la nuit silencieuse…

UN OCÉAN DE QUARESMEIRAS

Grandpa a peint les arbres en fleur que vous voyez à tous les coins de rue à São Paulo en février. Rose pâle, magenta, violette… Sur un même arbre poussent des fleurs dans des teintes variées. Si leur couleur diffère, elles ont cependant toutes la même forme. Chaque fois que je les vois, je suis émerveillée. On appelle ces arbres des quaresmeiras. Leur nom vient de *quaresma*, qui signifie « carême » en portugais, car ils fleurissent à cette période, quand les gens se remémorent la mort et la résurrection de Jésus.

Un jour, nous sommes montés à Paranapiacaba, près de São Paulo, et du haut de la montagne nous avons pu admirer, donnant sur l'autre versant, une autre montagne entièrement recouverte de quaresmeiras. Un océan de fleurs magnifiques s'étendait sous le ciel. Ce spectacle majestueux était à couper le souffle. Jamais je n'avais rien vu de tel. Cette image demeure, encore aujourd'hui, gravée dans ma mémoire, comme si je l'avais sous les yeux.

CHÈRE LUA

Lettre à ma petite-fille

Quand je t'ai tendu la main, tu as agrippé l'un de mes doigts. Tu l'as serré de toutes tes forces, comme si tu ne voulais plus jamais me lâcher.

En sentant ta force au bout de mon index, je n'ai pu retenir mes larmes. Ta main était si petite, mais ta force, immense. En attrapant mon doigt, c'est mon cœur tout entier que tu as conquis, à la seule force de ta petite main dodue !

Quand tu t'es ainsi agrippée à moi, mon cœur, aussitôt, a exulté.
Oui, mon enfant. Ne t'inquiète pas. Grandpa est là.

CHAÎNE DES CŒURS

Voici les Chaînes des cœurs que j'ai plantées sur la terrasse de notre appartement. Même leur nom est joli, vous ne trouvez pas ? C'était, je crois, en 1979. Une de mes amies avait vécu quelques années à Tokyo, et y avait pris des cours d'art floral. Elle avait même obtenu un diplôme. À son retour à Séoul, je lui ai rendu visite et elle m'a offert une bouture de cette jolie plante retombante qu'on appelle Chaîne des cœurs. Je l'ai replantée dès que je suis rentrée chez moi, j'en ai pris soin, et petit à petit elle a refait des racines. Comme son nom l'indique, ses feuilles sont en forme de cœurs. Comme nous avons déménagé au Brésil peu de temps après, j'ai donné ma Chaîne des cœurs à un voisin.

Une fois installés à São Paulo, et quand j'ai eu un peu plus de temps pour moi, j'ai repéré chez un fleuriste une Chaîne des cœurs dans une suspension. J'étais folle de joie de tomber sur cette plante qui m'était si familière. Comment aurais-je pu imaginer la retrouver si loin ! Je l'ai aussitôt achetée et, en rentrant chez moi, j'avais en tête le mot *destin*.

La Chaîne des cœurs a poussé en un rien de temps et très vite fleuri. Sur chacune des lianes où avaient éclos les fleurs, sont apparues comme des baies ayant la forme de haricots secs, et que les Brésiliens appellent « patates ». Chaque fois que j'en cueillais une et que je la replantais dans un autre pot, une nouvelle liane poussait. Après avoir répété l'opération inlassablement, je me suis retrouvée avec une quantité pléthorique de boutures. Avant de repartir pour la Corée, j'en ai distribué à tous nos voisins, et il y a quelques mois j'ai reçu un message de l'un d'eux m'indiquant que la Chaîne des cœurs que je leur avais confiée se portait à merveille. Cela m'a remplie de joie.

UN JOUR DE TOUSSAINT

Arthur devait être en CM1 quand nous vous avons emmenés, ton frère et toi, au cimetière Gethsêmani de São Paulo. De nombreux Brésiliens s'y trouvaient, car c'était le jour de la Toussaint. Une agréable brise rendait la chaleur plus supportable. Les tombes étant toutes ornées de bouquets de fleurs, l'ombre de la mort ne se faisait nullement sentir. C'est donc en plaisantant que nous avons arraché les mauvaises herbes entourant la tombe de ma famille, puis lustré, jusqu'à ce qu'elle brille, la plaque sur laquelle étaient gravés les noms de mes parents. Nous avons ensuite allumé un bâton d'encens et rempli une coupelle de vin, offrande faite à leur âme. Les mains jointes, nous avons baissé la tête et nous sommes inclinés pour leur rendre hommage. Vous aussi, les garçons, vous avez rempli une coupelle que vous avez déposée près de la tombe, pour vos arrière-grands-parents. Je vous ai alors expliqué qu'à leur mort, on avait inhumé mes parents ici, et qu'ils reposaient sous terre. « Quand nous mourrons, avais-je poursuivi, votre Grandma et votre Grandpa eux aussi seront enterrés ici. »

Ça m'était sorti comme ça, sans réfléchir. Bon, en fait, je tenais à ce que vous le sachiez. Certes, vous étiez encore jeunes, mais si j'avais eu envie de vous le dire, c'est parce que le ciel était dégagé ce jour-là, que tout le monde autour de nous se déplaçait avec calme, et que les fleurs déposées au pied des tombes étaient toutes magnifiques.

Mais il semble que vous ayez été choqués d'apprendre que Grandpa et Grandma allaient mourir un jour et être enterrés.

« Grandpa et Grandma aussi vont mourir ?

— Bien sûr. Tout le monde finit par mourir un jour. »
J'ai appris plus tard qu'Arthur, en racontant le soir sa visite au cimetière à sa maman, lui avait demandé s'il était vrai que Grandpa et Grandma mourraient un jour et seraient mis en terre.

JE LE PORTAIS DÉJÀ DANS MON CŒUR

À notre arrivée au Brésil, j'ai fait une découverte étonnante à l'occasion de notre recherche de logement. J'ai vraiment envie de vous en parler.
Me croirez-vous si je vous dis qu'il est possible de trouver un cimetière en plein milieu d'un quartier résidentiel ? Au cours d'une visite d'appartement avec un agent immobilier, en étage élevé dans une tour, j'ai eu un sacré choc en regardant par la fenêtre. Au pied de l'immeuble se trouvait un espace vert planté d'arbres. J'ai d'abord cru qu'il s'agissait d'un parc, mais pas du tout. C'était un cimetière, en plein centre de São Paulo. Une chose pareille serait impensable à Séoul.

La première fois que je me suis rendue à une veillée funéraire au Brésil, j'ai vu des gens embrasser le visage et toucher les mains du défunt allongé dans son cercueil. Peut-être que pour eux rien ne séparait les morts des vivants, ou peut-être qu'ils n'avaient tout simplement pas la même façon d'appréhender la mort. Quoi qu'il en soit, j'en suis restée perturbée un bon moment.

Après avoir vécu toutes ces décennies au Brésil, quand je me rends à une veillée funéraire aujourd'hui, je ne manque jamais de m'approcher du cercueil pour voir le visage du défunt. Bizarrement, ça ne me semble plus étrange. Je sais désormais que je portais déjà cette coutume dans mon cœur. C'est mon cœur qui m'intime de m'approcher. La peur de la mort, on me l'avait inculquée, elle ne venait pas de mon for intérieur. Maintenant, grâce à mes amis du Brésil, j'ai appris une nouvelle façon d'appréhender la mort.

Il nous suffit de voir des fleurs sur le point d'éclore…

Il nous suffit de voir un pissenlit sur le bord de la route en rentrant chez nous…

Et là, tout à coup, vous nous manquez.

Vos Grandpa et Grandma pensent toujours à vous.

À chaque instant.

ÉPILOGUE

Advienne que pourra, la vie sera toujours belle.

Dans bien des années, je suis certaine que nos petits-enfants repenseront de temps à autre à leurs Grandma et Grandpa. Quand je songe à ces moments où ils regarderont les aquarelles de leur Grandpa accompagnées des mots de leur Grandma, je les imagine paisibles, et se sentant aimés.

Alors peut-être auront-ils certaines des pensées suivantes : *Grandpa et Grandma ont été enfants eux aussi. Ils ont vécu la guerre. Ils ont même été réfugiés ! Il paraît que Grandpa aimait beaucoup chanter ; alors pourquoi n'a-t-il jamais été capable d'apprendre les chansons des groupes pop que nous aimions ? J'étais donc comme ça, petit ? J'ignorais que je jouais autant avec Grandma et Grandpa…*

L'air de rien, je scrute le visage de mon mari tandis qu'il dessine. Un mari dont les rides d'expression sont de plus en plus profondes, et les cheveux désormais tout blancs. Un mari de plus en plus dur d'oreille, malgré son appareil auditif, et dont les programmes télévisés favoris sont donc aujourd'hui les tournois de billard et de *baduk* (le jeu de go coréen). Et pourtant, mystère, ce mari dur de la feuille est au courant d'absolument tout ce qui se passe dans le monde, que ce soit dans les deux Corées, en Amérique, en Chine, au Japon, en Russie, ou au Brésil. En voyant mon mari vieillir, j'ai fini par faire mien l'adage selon lequel les gens deviennent sacrés en prenant de l'âge. Toi, mon très cher, tu es le dieu qui veille sur notre foyer.

Nous avons travaillé dur au Brésil, sans jamais ménager notre peine. Au magasin, tous nos clients sans exception étaient brésiliens, et nous sommes immensément reconnaissants à chacun d'entre eux de nous avoir accordé leur confiance. Au Brésil, les gens sont affectueux et chaleureux. Ils font l'effort de vous comprendre même si vous ne maîtrisez pas bien la langue et, s'ils aperçoivent un passant ayant fait une chute, se précipitent pour lui tendre la main et l'aider à se relever, pour ensuite lui tendre un verre d'eau. Et ce sont des gens qui expriment aisément leur gratitude, sans jamais vous regarder de travers ou porter sur vous un jugement hâtif. Pour toutes ces raisons, nous avons été très heureux là-bas.

Nous nous sommes souvent entendu dire : « N'est-ce pas formidable d'être de retour chez soi après trente-six années d'absence ? » Pourtant, je ne suis plus chez moi nulle part. Enfin, ce n'est pas tout à fait exact. J'ai au contraire aujourd'hui l'impression de me sentir chez moi à de multiples endroits. Je suis de Séoul, mais aussi de Tongyeong, de Busan, de São Paulo ou encore de Bucheon, où nous vivons aujourd'hui – je suis de chacun de ces lieux. Même de Pakchŏn, ville de mes ancêtres située dans la province de Pyongan, et où je suis née – une région aujourd'hui bien retirée en raison de la Zone démilitarisée –, même de Pakchŏn je peux dire que c'est *chez moi*, mais un *chez moi* lointain et ancestral.

D'autres nous demandent : « Pourquoi êtes-vous revenus en Corée ? » En vérité, je n'en sais rien. Pourquoi être rentrés en Corée après avoir passé la moitié de notre vie au Brésil ? Il doit bien y avoir une raison, se disent-ils. Et pourtant, il n'y en a aucune. Dans la vie, il est des choses qui sont, sans raison.

Parfois surviennent les souffrances physiques ou morales, les épreuves s'enchaînant telles de redoutables vagues qui s'abattent sur vous les unes après les autres. Parfois il m'arrive d'avoir peur d'aller dormir, ou de me lever le matin. Parfois encore, je n'ai envie de ne voir personne, je suis terrifiée à la simple idée de croiser quelqu'un. Dans ces moments-là, c'est avec l'aide de ma famille et de mes amis, mais aussi avec le temps, que toutes ces angoisses finissent par se dissiper. En fin de compte, chez moi, c'est là où se trouvent ceux qui seront toujours là pour me demander « Que se passe-t-il ? Qui t'a fait ça ? » et pour prendre ma défense ; c'est l'endroit où j'éprouve un sentiment d'appartenance, et où se trouve ma famille.

J'ai décidé de faire une pause dans mon écriture. J'ai mis un joli foulard rouge, mon nouveau jeans, et je suis sortie. J'avais prévu d'aller chez le médecin pour lui demander : « Docteur, j'ai des problèmes de sommeil en ce moment, que me conseillez-vous ? » Le parc était plein d'enfants. Les voir rire, s'amuser et courir dans tous les sens me procurait un sentiment de paix. Mais tout à coup, l'un d'eux a poussé un hurlement puis s'est mis à pleurer.

Où est-il ? Qui est-ce ? Que s'est-il passé ? J'ai été prise d'une soudaine angoisse. J'ai aperçu un attroupement de cinq ou six enfants ; l'un essuyait les larmes d'une petite en pleurs, tandis qu'un autre la rassurait d'un « Ça va, tu ne saignes pas ». Alors ils se sont tous levés et ont repris leurs jeux. Des éclats de rire fusaient, comme s'il ne s'était rien passé. Je suis restée un bon moment assise sur un banc à les regarder, et puis je suis rentrée à la maison. J'avais complètement oublié mon idée d'aller chez le médecin. Les rires d'enfants rendent joyeux. Quand vous vous sentez déprimés ou découragés, ils peuvent vous aider à chasser vos soucis. Le saviez-vous, les enfants ? Vos grands éclats de rire cristallins peuvent non seulement faire oublier leur solitude à ceux qui se sentent seuls, mais aussi atténuer les pires souffrances. Malheureusement, nous oublions trop souvent que vos rires possèdent ce mystérieux pouvoir. Mais je ne devrais pas m'inquiéter de ce côté-là. Vous, vous passez votre temps à rire ! Il n'empêche, gardons toujours à l'esprit que le rire est crucial dans la vie.

Savoir que notre histoire se transformera en livre me procure un drôle de sentiment. Tout à coup, je peux remonter le cours de notre existence en feuilletant les pages qui la racontent. Sur le moment, chaque nouvelle journée nous paraissait comme un défi insurmontable, et la vie, une source d'épuisement. C'était comme si nous avions chaque matin une nouvelle montagne à gravir. Mais avec le recul, chacun de ces moments, sans exception, fut merveilleux – plein de grâce. Malgré tout, notre vie fut belle. Il me tenait vraiment à cœur de vous le dire.

1968

2019

LES AUTEURS

Grandpa Chan (Chan Jae Lee) – illustrations

Né à Séoul en 1942 et diplômé du département des sciences de la Terre de la faculté d'éducation de l'Université nationale de Séoul, il a enseigné les sciences de la Vie et de la Terre. Après son installation au Brésil, il a dirigé un commerce de vêtements. Il a exposé ses aquarelles à San José (Costa Rica), à São Paulo (Brésil) et à Séoul (Corée).

Grandma Marina (Kyong Ja An) – textes

Née à Séoul en 1942 et diplômée du département de coréen de la faculté d'éducation de l'Université nationale de Séoul, elle a enseigné le coréen. Après son installation au Brésil et en parallèle à son activité au sein du commerce de vêtement familial, elle a dirigé l'école coréenne de São Paulo et enseigné la littérature coréenne dans une école internationale.

Ensemble…

Ils se sont mariés à l'âge de vingt-cinq ans et ont eu un fils et une fille. En 1981, ils ont émigré à São Paulo, au Brésil. En 2015, quand leur fille, leur gendre et leurs petits-enfants Arthur et Allan se sont installés en Corée, ils se sont mis à publier pour eux des dessins accompagnés de textes sur Instagram. Et quand leur fils vivant à New York a donné naissance à leur troisième petit-fils, Astro, ils ont continué à dessiner et à écrire, pour leurs trois petits-enfants cette fois. Leurs messages n'ont pas tardé à émouvoir un large public réparti dans le monde entier et ils ont reçu des marques d'intérêt et des réactions enthousiastes de la part de nombreux médias internationaux comme la BBC, NBC ou le *Guardian.* Leur compte Instagram cumule aujourd'hui 500 000 abonnés dans le monde, qui les soutiennent dans leur activité.

En octobre 2017, après avoir vécu durant trente-six années au Brésil, ils sont rentrés définitivement en Corée où ils ont retrouvé Arthur et Allan. Ils se rendent aussi souvent que possible à New York pour voir Astro et sa petite sœur, Lua. Lors de chacun de leurs voyages, ils continuent de peindre et d'écrire, et enchantent le monde de leurs productions.

REMERCIEMENTS

Un livre est né.

Un enfant, une œuvre d'art, un livre… Si toute naissance s'accompagne de son lot de souffrances et de tensions, et exige beaucoup de patience, elle suscite aussi attentes et joie. Nous avons donc une pensée pour toutes celles et tous ceux dont la bienveillance a rendu possible cette naissance.

Nous tenons en premier lieu à remercier notre famille : notre fils Ji, notre fille Miru, ainsi que nos quatre petits-enfants Arthur, Allan, Astro et Lua. Ils sont chaque jour notre source d'encouragement et d'inspiration.

Nos remerciements vont également à nos fans qui nous soutiennent sans relâche, telle une famille. Vous nous donnez la force de continuer.

Un grand merci aux éditions Suo Books qui ont publié notre premier livre en Corée en 2019 en le rendant si beau.

Merci à TarcherPerigee qui a publié cet ouvrage. Nous remercions notre éditrice, Sara Carder, qui a cru en notre travail et collaboré étroitement avec nous à chaque étape de sa réalisation. Nous remercions également notre traductrice, Sophie Bowman. Nous savons le temps et les efforts qu'elle a consacrés à la traduction en anglais de nos textes coréens. Nous remercions tout particulièrement Sara Johnson, Anne Kosmoski, Alex Casement et toute l'équipe marketing et publicité de TarcherPerigee. Un grand merci à notre coordinatrice, Rachel Ayotte, ainsi qu'à nos graphistes, Linet Huaman Velázquez, Lori Pagnozzi et Laura Corless, qui ont œuvré sans relâche pour que notre livre ait si belle allure.

À vous toutes et à vous tous, merci.

Grandpa Chan & Grandma Marina.

PAPIER À BASE DE FIBRES CERTIFIÉES

Le Livre de Poche s'engage pour l'environnement en réduisant l'empreinte carbone de ses livres. Celle de cet exemplaire est de :
1,5 kg éq. CO_2
Rendez-vous sur www.livredepoche-durable.fr

Composition réalisée par PCA

Achevé d'imprimer en décembre 2020 en Espagne par
GRAFICAS ESTELLA
Dépôt légal 1re publication : février 2021
LIBRAIRIE GÉNÉRALE FRANÇAISE
21, rue du Montparnasse – 75298 Paris Cedex 06

66/0519/4